LES PYRÉNÉES.

EAUX THERMALES SULFUREUSES

DE

BAGNÈRES DE LUCHON

De leur emploi dans le traitement des maladies qui réclament plus spécialement l'usage des eaux sulfureuses : scrofules, rhumatismes, maladies de la peau, maladies syphilitiques ;

MALADIES DES FEMMES,

MOYENS DE S'EN PRÉSERVER,

CUVETTE HYGIÉNIQUE DE L'AUTEUR ;

Avec une description générale sur Luchon, son origine, ses promenades, ses plaisirs, ses curiosités, ses thermes, et sur les excursions à faire aux environs de cette ville,

Guide du Malade, du Touriste et du Médecin,

PAR LE

Dʳ Adolphe BOURDEILLETTE,

Membre correspondant et Lauréat de plusieurs Sociétés de Médecine et Sociétés savantes de Paris, Bordeaux, Alger, etc.

> Il faut non-seulement que le Médecin fasse ce qu'il convient, mais encore que le malade, ceux qui l'approchent, et tout ce qui l'environne, concourrent au même but.
> HIPPOCRATE, Aphorisme I, § 1ᵉʳ.

EN VENTE

CHEZ M. LAFONT, LIBRAIRE A LUCHON.

1866

DE

BAGNÈRES-DE-LUCHON

OUVRAGES DE L'AUTEUR.

1° **DE L'OPHTHALMIE SCROFULEUSE**

ET DE SON TRAITEMENT PAR LE QUINQUINA.

(Ouvrage couronné par la Société de Médecine de Bordeaux.)

2° **DE L'INFLUENCE DES VARIATIONS ATMOSPHÉRIQUES**

SUR LA MARCHE DE CERTAINES MALADIES AIGUËS.

(Médaille de bronze de la Société de Climatologie d'Alger.)

Pour paraître :

LES EAUX MINÉRALES DES PYRÉNÉES,

Avec une description détaillée

des principales Excursions à faire dans cette contrée,

suivies

d'une Notice sur les Bains de mer

et d'une

Indication générale sur le choix d'une station d'hiver.

1579. Périgueux, imp. Boucharie et Ce.

LES PYRÉNÉES

EAUX THERMALES SULFUREUSES

DE

BAGNÈRES DE LUCHON

De leur emploi dans le traitement des maladies qui réclament plus spécialement l'usage des eaux sulfureuses : scrofules, rhumatismes, maladies de la peau, maladies syphilitiques ;

MALADIES DES FEMMES,

MOYENS DE S'EN PRÉSERVER ;

CUVETTE HYGIÉNIQUE DE L'AUTEUR ;

Avec une description générale sur Luchon, son origine, ses promenades, ses plaisirs, ses curiosités, ses thermes, et sur les excursions à faire aux environs de cette ville,

Guide du Malade, du Touriste et du Médecin,

PAR LE

Dr Adolphe BOURDEILLETTE,

Membre correspondant et Lauréat de plusieurs Sociétés de Médecine et Sociétés savantes de Paris, Bordeaux et Alger.

> Il faut non-seulement que le Médecin fasse ce qu'il convient, mais encore que le malade, ceux qui l'approchent, et tout ce qui l'environne, concourrent au même but.
>
> HIPPOCRATE, Aphorisme I, § 1er.

EN VENTE

CHEZ M. LAFONT, LIBRAIRE A LUCHON.

1866

INTRODUCTION.

———

> Ceux qui disent que les eaux
> minérales sont bonnes à tout,
> sont aussi éloignés de la vé-
> rité que ceux qui disent qu'elles
> ne sont bonnes à rien.
> Je suis certain qu'elles peu-
> vent rendre de grands servi-
> ces quand elles sont adminis-
> trées avec discernement et à
> propos.   FONTAN.

La vie des eaux, depuis quelques années
déjà, a pris en France une large place dans nos
mœurs et dans nos habitudes sociales. Ce
goût, qui chaque jour va croissant, est devenu
une des nécessités les plus actuelles, un des
besoins les plus impérieux de notre époque.

1

Aller aux eaux, est aujourd'hui le rêve de tous.

Des communications plus faciles, et plus encore, des voies ferrées, magnifique création du génie de l'homme, ont, en rapprochant les distances, contribué puissamment à la réalisation de ce rêve.

Tous les ans, en effet, à la même époque, et comme à un signal donné, une foule impatiente, curieuse de voir, avide d'émotions, s'élance sur les plages de l'Océan et de la Méditerranée, envahit nos thermes : Vichy, Luchon, Cauterets, le Mont-Dore, etc., court en Suisse, en Allemagne, partout enfin où le plaisir l'attend et où elle espère la santé.

Au milieu de toutes ces stations, dont les attraits divers appellent à elles un concours nombreux de visiteurs, les Pyrénées, qui sont avant tout une des plus belles contrées du monde, s'offrent à nous tous, malades, touristes et médecins comme la terre promise où s'accomplissent les miracles, et où se révèlent les merveilles les plus imposantes.

Où trouver en effet, des sites plus sauvages, des vallées plus riantes, une nature plus jeune, plus splendide, plus sublime, une contrée en un mot qui vous fasse éprouver des sensations plus fraîches, capables de vous faire oublier, pour un moment, la triste réalité des choses de ce monde, pour ne penser qu'au beau.

Où trouver une terre plus riche en eaux minérales de toutes sortes :

Eaux minérales sulfureuses (eaux sulfurées sodiques, eaux sulfurées calciques), eaux sulfatées, eaux salines, eaux ferrugineuses ?

Mais avant d'aborder l'étude des aux minérales, qui doivent plus particulièrement faire l'objet de mes réflexions dans ce traité, je croirais faire tort à la médecine et même me rendre coupable d'ingratitude envers elle, si je n'exposais en peu de mots les avantages que retirent de cette science celui qui la possède, ainsi que ceux qui se trouvent dans la nécessité de suivre ses lois et d'obéir à ses préceptes.

Quoique la santé ne soit que l'absence du mal et de la douleur, elle est cependant le plus grand des biens dont l'homme puisse jouir ; mais comme ce bienfait de la nature est, de tous ses présents, celui dont nous abusons le plus, on peut affirmer que nulle science n'est

plus utile que la médecine ; puisqu'elle donne
aux hommes un prompt remède à leurs maux ;
elle procure également la tranquillité d'esprit
et le repos du corps ; elle chasse le chagrin et
la tristesse inséparables de la maladie ; elle
conserve enfin à l'esprit de l'homme ce ressort
qui le rend propre à toutes les sciences et qui
lui permet de marcher sans cesse dans la carrière des découvertes ; en un mot, ne sont
heureux que ceux sur qui cette déesse de la
vie répand ses faveurs.

Si la médecine a été définie : un art libéral,
renfermant essentiellement la connaissance des
animaux, des plantes, des minéraux, de tout
ce que la nature a de plus caché dans ses entrailles, et même de ce que l'air contient dans
son étendue, on peut dire avec juste raison,
que cette définition peut s'appliquer principalement à la médecine spéciale, qui a pour base
cette connaissance particulière des eaux, qu'on
appelle l'hydrologie ; car pour bien étudier la
nature et l'action des eaux, qui est très souvent
complexe, il est de toute nécessité que le médecin possède des notions exactes de physique,
de chimie analytique, de géologie, d'histoire
naturelle, ainsi que d'hydrostatique. On ne peut

en effet parvenir en toute sécurité à bien juger
l'influence de l'eau, qu'en tenant compte de
l'état de l'atmosphère et des phénomènes mé-
téorologiques qui modifient l'état des malades
en traitement et l'action des eaux elles-mêmes,
sans parler des matières organisées ou organiques qu'elles renferment, et du rapport qui
existe entre ces eaux et le terrain d'où elles
émergent.

Les secours que nous offre la nature pour
remédier aux malheurs de notre condition,
qui sont presque toujours la suite de notre in-
tempérance, ne feraient souvent qu'aggraver
nos maux, si la main qui les applique ne se
montrait pas parcimonieuse dans la distribu-
tion de ces moyens curatifs.

Les eaux minérales, que l'on trouve dans
tant d'endroits de notre globe, et dont le nombre est fort considérable en France, particulièrement dans les Pyrénées, sont presque toujours un moyen assuré de réparer les tristes
effets de nos excès, je veux dire le dérangement de notre santé.

« Le traitement des eaux minérales employées à leurs sources, dit Bordeu, est, sans
contredit, de tous les secours de la médecine,

le mieux en état d'opérer pour le physique et le moral, toutes les révolutions nécessaires et possibles dans les maladies chroniques.

» Tout y concourt : le voyage, l'espoir de réussir, la diversité des nourritures, l'air surtout qu'on respire qui baigne et pénètre le corps, le changement de sensations habituelles, les connaissances nouvelles qu'on fait, les petites passions qui naissent dans ces occasions, l'honnête liberté dont on jouit ; tout cela change, détruit les habitudes d'incommodités et de maladies auxquelles sont surtout sujets les habitants des villes. Un voyage sur mer, à la campagne, en pays étranger, les danses, les courses, l'équitation et les autres secours de la gymnastique, partagent avec les eaux minérales, les avantages dont il vient d'être question.

» Dès les siècles les plus reculés, les hommes ont adopté l'usage des eaux minérales ; il en reste une preuve dans Hippocrate. Les Romains s'arrêtaient à toutes les sources chaudes ; Pline en est le témoin. Il y en a où ces païens avaient placé des divinités particulières : il reste des traces de leur *ex-voto*.

» Les nymphes, les naïades et les dieux guérisseurs étaient très bien logés dans ces lieux alors solitaires, et où s'opéraient les cures miraculeuses, à l'ombre d'antiques forêts, dans les creux des rochers d'où les échos portaient au loin les merveilles. »

Les eaux minérales, dit le docteur Durand Fardel, sont, sans contredit, la médication la plus considérable et la plus active des maladies chroniques.

Les eaux minérales sont donc une vérité ! et non pas comme le prétendent certains esprits forts et épigrammatiques qui, non contents de refuser aux eaux minérales toute espèce d'efficacité, trouvent piquant de prêter leur scepticisme aux médecins eux-mêmes? A les en croire, nous n'enverrions nos malades aux eaux que pour nous en débarrasser. Parole cruelle ou plutôt plaisanterie banale, comme la plupart de celles qui se débitent si souvent dans le monde à notre adresse, et qui ne valent pas la peine qu'on y réponde sérieusement (1).

Nous ne sommes plus aux temps, qui ne sont pas encore bien éloignés de nous, où le

____

(1) CONSTANTIN JAMES, *Études pratiques sur les Eaux minérales.*

public, toujours admirateur du merveilleux, se plaisait à attribuer la vertu des eaux à l'intervention de quelque saint ou de quelque divinité, sous le patronnage desquels les habitants s'empressaient de placer les sources de leur contrée.

Aujourd'hui que la science, cette ennemie implacable de l'ignorance et de la mystification, a jeté un nouveau jour sur les phénomènes de la nature, erreurs, merveilleux, mystères, tout s'est effacé pour faire place à la raison.

Bien des préjugés sont encore à détruire, mais le temps qui consume tout, en fera justice, j'en suis convaincu.

La raison n'est faite que pour conduire à la vérité !

On a beau faire, la vérité s'échappe, et perce toutes les ténèbres qui l'environnent.

Aujourd'hui la lumière se fait, les convictions se forment, et sur ce terrain les adversaires deviennent de plus en plus rares, de moins en moins forts. Ils perdent à mesure que nous acquérons. Tant mieux, car nous sommes du côté où va l'espérance, du côté où l'humanité se réjouit d'avancer, du côté du progrès, en un mot, auquel la nature n'a point mis de limite infranchissable.

C'est aux recherches et aux travaux de Bordeu, d'Anglada, de Patissier, de Fontan, de Filhol et de tant d'autres encore, que nous devons les précieux fondements d'une science qui, quoique née d'hier, se trouve placée au premier rang, par son importance et son incontestable utilité.

Bordeu a écrit quelque part : « Je regarde comme incurable toute maladie qui a résisté aux eaux minérales. »

Les eaux minérales sont en effet le plus puissant modificateur de l'organisme, vérité consacrée à jamais par les bienfaits qu'une foule de malades retirent chaque année de l'action curative de ces eaux.

Si nous trouvons quelques sceptiques qui se refusent à accorder aux eaux minérales leur part légitime dans la guérison des malades, attribuant plutôt cette guérison aux changements de climat et de pays, aux changements d'habitudes et aux distractions de toute sorte ; tout autant de conditions qui ne sont pas toujours sans importance, mais qu'on ne doit considérer que comme secondaires ; à ceux-là, il n'y a qu'une réponse à faire, le docteur Constantin James s'est chargé de ce soin : « La vue d'un paysage nouveau, dit cet auteur, n'a jamais guéri ni une dartre, ni une nécrose, et je ne sache pas de paralysie que l'aspect d'une cascade, quelque majestueuse qu'elle soit, ait suffi pour faire disparaître.

» Qu'il me soit permis, ajoute-t-il, de fortifier cette vérité par une preuve empruntée à l'art vétérinaire. Si les eaux agissaient sur l'imagination seule, comment expliquer que celles de Cauterets, de Luchon, du Mont-Dore, guérissent les animaux si fréquemment atteints de la pousse et autres affections chroniques de la poitrine. »

Pour nous résumer, nous dirons donc avec le docteur Barthez, que les eaux minérales sont des médicaments préparés de longue main par la nature, dont l'emploi, fait avec prudence, constitue, sans aucun doute, l'une des médications les plus puissantes que nous connaissons, et les mieux appropriées en même temps à la délicatesse de nos organes. Les résultats de guérison obtenus par ce moyen sont si nombreux et si remarquables que l'Etat, ainsi que les sociétés savantes, encouragent l'étude et recommandent tous les ans l'emploi des eaux minérales, qui sont incontestablement pour quelques maladies les seules ressources de guérison. Les populations, de leur côté, sont si bien pénétrées de leurs salutaires effets, que le nombre des malades augmente annuellement dans tous les établissements d'eaux minérales; car ce nombre, qui d'après le rapport de M. Patissier, n'était que de 35,000, il y a une vingtaine d'années, s'est élevé en 1852, dans les divers établissements thermaux de France, à 93,256.

Il n'est pas de remède plus positif et plus étendu que les eaux minérales.

Frédéric HOFFMANN.

Heureux le malade, quand par hasard le choix de la source est adapté à la maladie.

Dr PATISSIER.

N'exerçant comme médecin, dans aucune des stations thermales des Pyrénées, m'étant contenté d'aller étudier, pendant plusieurs années, les principaux établissements disséminés dans cette longue chaîne, je n'ai écrit cet ouvrage qu'en vue des malheureux malades qui viennent, chaque année, demander à ces eaux si variées et si efficaces, guérison et santé, ou tout ou moins soulagement à leurs maux, en s'imposant parfois d'énormes sacrifices. Aussi ai-je traité avec assez de détails tout ce qui se rapporte aux principales indications que réclame l'usage des eaux minérales en général, et, en particulier, les eaux sulfurées sodiques de Luchon, dont j'ai présenté assez longuement les indications et les contre-indications.

Impartial dans la question, j'ai su cependant m'imposer une juste limite, ne voulant nullement défendre les intérêts des uns au détriment des autres; ma position, complétement indépendante du reste, me mettra à l'abri des reproches que Montaigne et Bordeu ont adressés à la plupart des auteurs, qui ont successivement écrit sur les eaux minérales, en considérant leurs monographies, plutôt comme d'adroites réclames, que comme des ouvrages vraiment consciencieux et scientifiques.

Par ce simple aperçu, j'espère me rendre utile à mes confrères, qui trouveront dans cette courte énumération des données suffisantes pour pouvoir diriger leurs malades sur telle ou telle station, suivant l'espèce de maladie à laquelle ils auront à faire ; aux malades, en les mettant en garde contre certaines erreurs qui peuvent se glisser dans des conseils si souvent inopportuns de certaines personnes et en leur fournissant tous les renseignements qu'on est très-heureux de connaître quand on s'aventure dans un pays inconnu. Enfin quelques conseils tant sur l'hygiène, que sur le régime à suivre pendant le traitement hydro-thermal, m'ont paru assez utiles, je dirai même indispensables, pour que j'y consacre un chapitre entier.

Tel est l'ensemble de ce travail que je présente aujourd'hui au public, et qui n'est qu'un résumé assez succinct des recherches des meilleurs auteurs, Bordeu, Anglada, Patissier, Filhol, Fontan, Lambron, Osian Henry, etc., qui ont écrit sur les eaux minérales des Pyrénées, ouvrages auxquels j'ai fait de nombreux emprunts, ne revendiquant pour ma part que ma méthode d'exposition, que je me suis efforcé de rendre aussi nette et aussi claire que possible, afin que mes lecteurs puissent me lire avec fruit, et comprendre tous les détails que comporte un sujet aussi complexe.

Quoiqu'ayant fait une étude assez approfondie de ces eaux sur les lieux mêmes, j'aurais été impuissant à présenter des documents scientifiques aussi exacts et aussi complets ; et cependant, ce travail est loin d'être parfait, je le sais, et je le dis sans fausse modestie ; mais la pensée qui m'a guidé, en écrivant ce livre, me vaudra, je l'espère, indulgence et bon conseil de la part de mes confrères et de la part du public.

En composant cet ouvrage, je n'ai eu qu'une pensée : être utile aux malades, agréable aux touristes, et fournir à mes confrères appelés chaque jour à prescrire ces eaux, des renseignements suffisants.

Puissé-je avoir atteint le but que je me suis proposé ; un tel succès m'encouragerait dans la voie que je me suis tracée, et m'engagerait à poursuivre avec persévérance le but principal que je cherche à atteindre : être utile à mes semblables, en demandant au travail seul les moyens d'y arriver.

Il y a des professions, où jusqu'au dernier souffle, jusqu'à la dernière manifestation de la pensée, le devoir est de lutter et de combattre.

Ce travail n'est d'ailleurs que le commencement d'une série d'études, que je me propose de poursuivre avec toute l'activité et

les soins que réclame un sujet aussi important.

Le médecin des eaux, doit être le prêtre du temple;
il est là pour éclairer les malades, les diriger par une
bonne méthode et rectifier les idées ou les préjugés
qu'ils pourraient y apporter.

ALIBERT.

Dans tout dessein que l'homme se propose,
La main sans doute est bien pour quelque chose;
Mais du succès l'honneur le plus certain,
Est pour l'esprit qui dirige la main.

Florentin Ducos, Fable XVI.

PRÉLIMINAIRES.

Conseils avant le départ.

Lorsqu'on se dispose à partir pour les Pyrénées, contrée où la température est toujours des plus variables, il est de toute nécessité de se munir de vêtements de toute sorte, vêtements d'été, vêtements d'hiver; précaution d'autant plus indispensable aux malades qui vont aux eaux pour y suivre un traitement hydro-thermal, que le succès du traitement balnéaire dépend surtout des soins hygiéniques strictement observés. Quand on prend des bains, il est urgent, en effet, que le malade évite le plus léger refroidissement.

Ces considérations s'adressent également aux touristes et aux amateurs qui se rendent aux

Pyrénées uniquement pour faire des excursions dans les montagnes, où il peut arriver que la température éprouve des variations subites et extrêmes à un point tel, que, dans les vingt-quatre heures, le thermomètre s'abaisse de 16° et même de 23° centigrades.

Mais là n'est pas tout ce qu'un malade doit savoir ; il faut aussi qu'il se munisse d'une con-sultation écrite de son médecin, indiquant exactement l'espèce de maladie à laquelle on a affaire ; quel a été le traitement suivi jusqu'à ce jour, et quel en a été le résultat. Il sera essen-tiel que le médecin donne des renseignements sur le tempérament de son client, sur ses sus-ceptibilités particulières, en un mot, sur son idiosyncrasie.

Avec ces notions générales et ces renseigne-ments détaillés le médecin des eaux à la direc-tion duquel vous venez vous confier se trouvera plus à même de pouvoir vous guider avec sécu-rité et certitude dans le traitement thermal.

Le malade qu'on envoie aux eaux, doit-il subir un traitement préparatoire avant de se soumettre au traitement hydro-thermal ?

Sans tomber dans les errements des an-

ciens qui livraient leurs malades à des pratiques empiriques dont les abus ont amené
maints inconvénients, il ne faudrait pas croire
cependant que toute préparation aux eaux minérales fût chose inutile. Je suis convaincu
au contraire que, dans bon nombre de cas,
les malades se trouveront bien de ne pas avoir
négligé ces précautions, qui sont plutôt du ressort du régime proprement dit, que de celui
des agents pharmaceutiques. Quand en effet on
se dispose à aller subir, pendant un certain
temps, un traitement dont l'effet général consiste dans une excitation parfois assez grande,
il me paraît prudent de se présenter à ces
eaux dans un état approprié à ce genre de médication : en un mot, un régime rafraîchissant
me semble devoir être suivi pendant quelque
temps avant le départ.

Je conseillerai même aux personnes qui vont
aux eaux pour y suivre un traitement de se reposer pendant au moins deux ou trois jours,
après leur arrivée, et même de prendre quelques bains émollients, à l'eau de son principalement : pratique des plus rationnelles, en ce
que se trouvant en général brisé, fatigué, très-
échauffé même, inconvénients produits fréquemment par tout voyage un peu long, on

risquerait fort, en prenant immédiatement les eaux sulfureuses, de voir survenir une agitation générale qui se manifesterait infailliblement à la suite de l'usage de ces eaux, si excitantes déjà par elles-mêmes.

Pour nous résumer nous dirons donc, qu'avant de se rendre aux eaux, tout malade doit :

1° Se munir d'une consultation écrite de son médecin ;

2° Emporter avec lui des vêtements d'été et d'hiver ;

3° Observer un régime approprié au traitement qu'on se dispose à suivre ;

4° J'ajouterais même, s'il était facile d'exercer quelque influence sur le moral du malade, cette recommandation bien importante : *Oublier ses maux et bannir tout chagrin.*

Ne voit-on pas en effet, suivant le philosophique langage d'un grand poète de l'antiquité, que c'est une impérieuse loi de la nature d'écarter du corps la douleur, et d'assurer à l'esprit une douce tranquillité, libre de soucis et de crainte ?

Nonne videre est nil aliud sibi naturam latrare, ni-

si ut, cui corpore sejunctus dolor absit, mente fruatur
jucundo sensu, cura semota metuque ?

LUCRETII, *de Rerum natura*, lib. II, v. 16, s. 99.

Baglivi a dit qu'en pensant trop à sa digestion, on ne digère point.

Il en est de même des autres actions vitales :
on les trouble en s'en occupant trop.

Quand vous arrivez aux eaux, faites comme si vous
entriez dans le temple d'Esculape ; laissez à la porte
toutes les passions qui ont agité votre âme ou tour-
menté votre esprit.

ALIBERT.

Itinéraire de Paris à Luchon.

On peut se rendre de Paris à Luchon, en prenant : Le chemin de fer de Paris à Toulouse ou
le chemin de fer de Paris à Tarbes.

Ces deux voies sont, à très-peu de chose près,
à une distance égale, un peu plus longue cependant par Toulouse.

Ainsi, de Paris à Luchon, en passant par Toulouse, il y a 963 kil.

De Paris à Luchon en passant par Tarbes,
934 kil.

De Paris à Bagnères-de-Luchon en passant

par Toulouse — chemin de fer jusqu'à Montréjeau — de Montréjeau à Luchon, service régulier de diligence.

Prix des places jusqu'à Montréjeau :
$\begin{cases} 1^{res}, & 97f. & 65 \, c. \\ 2^{es}, & 69 & 75 \\ 3^{es}, & 54 & 40 \end{cases}$

De Montréjeau à Luchon en diligence :

Trajet direct $\begin{cases} 4 \text{ h. pour aller} \\ 3 \text{ h. pour revenir.} \end{cases}$

Prix des places : 6, 5 et 4 francs.

La route de Montréjeau à Luchon, par les montagnes, est si pittoresque, offre à l'œil du voyageur des points de vue si variés, parfois si grandioses, qu'on peut considérer ce trajet plutôt comme une promenade des plus agréables à faire, que comme un voyage fatigant et ennuyeux à accomplir.

A chaque instant, en effet, l'attention du voyageur est attirée sur des points qui méritent un intérêt réel.

Après avoir traversé la Garonne sur un magnifique pont en marbre, on atteint bientôt l'embranchement de la route de Saint-Gaudens et de Montréjeau, point de jonction où s'élève la *Croix de Bazert*, qui se trouve, dit-on, sur l'emplacement d'un ancien temple romain, consacré au Dieu Bazert, et dont il ne reste plus aujourd'hui que quelques pans de murs cachés dans les broussailles. A quelques pas de là on aperçoit également les restes d'une petite chapelle consacrée à la sainte Vierge.

Après une montée assez rapide, on arrive à une hauteur, d'où l'on aperçoit très-distinctement une grande partie de la chaîne des Pyrénées, qui s'offre aux regards comme une longue traînée de montagnes adoucie par la distance.

On descend de là au petit village de Labroquère ; avant d'y arriver on découvre à sa droite Saint-Bertrand-de-Comminges, couronné de sa magnifique cathédrale. Au sortir de Labroquère on aperçoit, à sa gauche, Barbazan, ainsi que le château du même nom, vieux manoir du ixe siècle, bâti sur un rocher assez élevé qui domine le village : une magnifique route plantée de peupliers vous y conduit. Un peu avant d'y arriver, à peu de distance de la route, on a l'aspect d'un lac assez grand qui, d'après la légende, aurait apparu tout à coup, à la suite d'un tremblement de terre, en engloutissant quelques maisons situées sur son emplacement ; inutile d'ajouter que cette légende est accompagnée de cette formule sacramentelle : que ce fut là une punition envoyée du ciel pour châtier trois ou quatre habitants, probablement fort inoffensifs. A l'ouest du village est situé le petit établissement des bains qui, quoique fort modeste, est convenablement disposé pour y administrer les eaux en bains et en boisson. Il renferme 8 cabinets de bains et 2 buvettes. Cet établissement est alimenté par une source qui sourd dans l'établissement même.

D'après M. Filhol, cette source doit être classée parmi les salines séliniteuses, renfermant une assez forte proportion de fer pour qu'on puisse compter sur ce dernier. Cette eau est limpide, incolore et laisse dégager un mélange d'azote, d'oxygène et d'acide carbonique.

Eau douce, sédative, laxative, diurétique et tonique, elle participe des propriétés des eaux salines séliniteuses et jouit en outre des vertus des sources ferrugineuses.

Il existe également deux autres sources qui naissent à quelques mètres de distance de l'établissement, dans une prairie voisine. Ces deux sources, connues sous les noms de *Source du Saule* et de *Source du Sureau*, sont simplement salines séliniteuses.

Après avoir traversé de nouveau la Garonne, on rencontre à sa droite deux routes, la première qui conduit à Saint-Bertrand et à Valéabrère ; la seconde qui se dirige dans la vallée de la Barousse.

Au sortir de *Loures* qui est le second village qu'on trouve, on franchit un pont jeté sur l'Ourse, gave qui descend de la Barousse, et au-delà de l'embranchement de la route qui conduit de Bagnères-de-Bigorre à Luchon, on passe près de Luscan, on traverse Bertren et l'on gagne en quelques minutes Bagiry, autre petit village dominé par le Pic de Burat, le pic du Gar et le pic de Cagire, que l'on peut très-bien apercevoir.

Au sortir de Bagiry, on entre bientôt dans le val de Siradan où se trouvent, à peu de distance de la route, les villages et les établissements de bains de Sainte-Marie et de Siradan.

Bains de Ste-Marie et de Siradan.

EAUX SÉLINES SÉLINITEUSES (EAUX SULFATÉES CALCAIRES),

A 23 kil. de Luchon.

L'établissement de Sainte-Marie consiste en

un vaste bâtiment composé de plusieurs chambres où peuvent se loger les personnes qui viennent y prendre les eaux. Il renferme 20 cabinets de bains et 2 cabinets de douches.

COMPOSITION.

L'eau de Sainte-Marie renferme par litre :

Acide carbonique	0, 160
Sulfate de chaux.	1, 430
Sulfate de magnésie	0, 580
Carbonate de chaux	0, 370
— de magnésie, ...	0, 020

Ces eaux ressemblent beaucoup aux eaux de Capvern et d'Encausse, et peuvent être utilisées dans des cas analogues.

Aussi sont-elles avantageusement employées dans les maladies de la peau, à forme sub-inflammatoire ; pour combattre les constipations opiniâtres; pour rafraîchir et calmer les tempéraments trop échauffés, trop irritables; les personnes nerveuses.

Pour calmer certaines maladies des femmes, quand il y a trop d'irritation.

On peut encore les utiliser pour combattre les diverses obstructions des viscères abdominaux ; engorgements du foie et de la rate ; les gastrites et entérites chroniques ; la néphrite calculeuse, la gravelle, les catarrhes chroniques de la vessie, etc.

A un kilomètre au-dessus des bains de Sainte-Marie est situé le petit village de Siradan, où se trouvent des eaux salines séliniteuses, en tous points semblables à ces dernières. Ces eaux ont été amenées dans un établissement pourvu d'appartements destinés aux malades. Il y a 15 cabinets de bains et 4 douches.

Le voisinage de ces deux établissements est une ressource précieuse pour Luchon.

Ces eaux, qui sont apéritives, purgatives et fondantes, rendent d'utiles services quand il s'agit de calmer l'excitation produite par la médication sulfureuse.

Les bains de Sainte-Marie et de Siradan, par leurs effets sédatifs et antiphlogistiques, font cesser les accidents nerveux, calment l'excitation, rendent à l'état morbide principal sa simplicité première, et permettent alors l'usage de la médication sulfureuse, qui détermine ou achève la guérison (1).

On traverse presque aussitôt Saléchan et l'on arrive à *Esténos*, d'où l'on aperçoit, vis-à-vis, le pic du Gar, et au pied de cette montagne, Fronsac, ancienne résidence des comtes de Comminges, dominé par une vieille tour carrée. Au sortir d'Esténos, on rencontre le pont de Chaum qui mène à Saint-Béat et au pont du Roi.

A partir de ce moment, on commence à apercevoir quelques points culminants : le pic Quairat, les glaciers d'Oo, de Crabioules et de Maupas; un peu plus loin, à la jonction de la Pique et de la Garonne, on découvre le pic de Pales de Burat et le pic de Bacanère, du sommet duquel on jouit d'un superbe point de vue qui s'étend sur les glaciers de la haute chaîne et sur l'immense plaine de Toulouse. En face, on a le joli petit village de Marignac ; à gauche, une petite gorge très-pittoresque d'où

(1) Une voiture qui part tous les jours de Luchon, procure aux malades la facilité de s'y transporter à peu de frais.

Le séjour y est très peu coûteux; les prix y sont très modérés.

sort la Garonne espagnole, à l'entrée de laquelle est bâti Saint-Béat, qui possède de magnifiques carrières de marbre exploitées, dit-on, du temps des Romains; à droite, on débouche dans la vallée de la Pique, que traverse dans son entier la route de Luchon, à l'entrée de laquelle se trouve Cierp dominé par d'immenses rochers. De ce village part une route qui conduit à Saint-Béat, en passant par Marignac.

On sort de Cierp par un pont jeté sur la Pique et l'on traverse presque aussitôt le village de Gaud, au-dessus duquel sont plusieurs carrières de marbre griotte.

Avant d'arriver à Cier-de-Luchon, on passe devant plusieurs petits villages qui se trouvent pour la plupart à diverses hauteurs sur les montagnes, à droite et à gauche; ainsi, on passe successivement devant Signac, Benos, Bachos, Burgalais et Curan, au-dessus duquel on distingue le joli château de Curan, toujours habité, quoique fort ancien. Après avoir traversé le pont de la forge qu'on trouve après Curan et avoir dépassé plusieurs autres petits villages qui se touchent tous pour ainsi dire : Lége, Bas-Cazeaux, Baren, Gouaude-Luchon, on se trouve en face de Cier-de-Luchon, placé à l'entrée du Bassin de Luchon qui s'élargit de plus en plus. Arrivé au pont de Cierp, près le village de Sables, on voit se dérouler devant soi cette longue chaîne de montagnes qui sépare le département de la Haute-Garonne de l'Aragon, et qui s'étend depuis les glaciers de Maupas, jusqu'au pic de la Mine. Les principaux pics de cette immense barrière sont de droite à gauche : les pics de Maupas, de Crabioules, de Boum, de Mal-Barat, de Sacroux, le pic et le port de la Glère, la Montagnette, Sauvegardes, Pales de Baliran et le port de Vénasque. Quelques pas plus loin, on aperçoit Luchon; mais avant d'y arriver il faut encore traverser deux autres villages, Antignac et Moustajou, et l'on se trouve enfin sous une magnifique allée de Platanes, entre deux rangées de maisons et de jardins, c'est Barcugnas, petit bourg à l'extrémité duquel se trouve Bagnères-de-Luchon. Seulement avant d'arriver sur la magnifique allée d'Étigny, véritable centre de cette superbe ville, qui doit un jour se relier en droite ligne avec l'allée de Barcugnas, on est obligé de passer par de petites rues étroites et tortueuses qui font éprouver à l'étranger une sensation désagréable, mais de courte durée, fort heureusement pour l'opinion première qu'on se fait de Luchon.

Il serait à souhaiter qu'un second d'Etigny prît la ferme résolution de mettre à exécution ce projet, depuis si longtemps arrêté ; il n'aurait pas à craindre pour ses jours, comme c'est arrivé au premier, qui faillit être lapidé en pleine place publique ; mais il lui faudrait plus d'argent et plus d'or, seule puissance qui franchit tout obstacle.

Retour par Bagnères de Bigorre, en passant par la Montagne (1).

Distance : 70 kil.

NOMS DES LIEUX QU'ON RENCONTRE SUR SA ROUTE.

Saint-Aventin.	6 kil.	Bordères	27 »
Garin	8 »	Arreau	32 »
Portet	11 »	Aspin	40 »
Col-de-Peysourdes	16 »	Col-d'Aspin	45 »
Lourdervieille	20 »	Payole	51 »
Estarvieille	21 »	Sainte-Marie	58 »
Anerau	23 »	Campan	64 »
Avezan	24 »	Bagnères-de-Bigor	70 »

(1) Ce voyage ne peut se faire en diligence que pendant la belle saison, août et juillet.

Saison des Eaux.

La saison des eaux à Luchon, commence le 1er juin et se prolonge jusqu'au 15 octobre.

Le mois de juin offre encore des jours trop froids et trop variables, au moins dans la première quinzaine, pour que les personnes aisées y viennent à ce moment.

Ce n'est guère que vers le 25 ou 30 de ce mois, que commence la belle saison ; elle se prolonge jusqu'au 25 ou 30 du mois d'août. A ce moment, il y a une affluence incroyable d'étrangers ; touristes, baigneurs, amateurs, tous s'y donnent rendez-vous pour cette époque. C'est que, pendant ces deux mois, la température de Luchon est des plus douces et des plus agréables. Juillet et août offrent en effet les jours les plus sereins, les moins pluvieux et les moins brumeux ; on peut dire même que, quoique la chaleur se fasse sentir assez forte par moments, dans le milieu de la journée, elle est toujours tempérée par une brise des plus fraîches. Les nuits mêmes y sont très-douces et jamais étouffantes, comme dans certaines localités, où l'air chaud de la journée continue à faire ressentir, pendant la nuit, son action des plus fatigantes.

C'est à ce moment que les logements y sont les plus chers, mais aussi c'est à cette époque que Luchon est le plus beau et le plus agréable à habiter; toutes les distractions se trouvent réunies dans ces deux mois.

Au 1er septembre commence une troisième saison, qui dure jusqu'au 1er octobre et se prolonge quelquefois jusqu'au 15 de ce mois. Les logements sont à des prix moins élevés, ainsi que la nourriture.

L'affluence des étrangers est moins considérable; ce sont en général les gens en vacances, magistrats, avocats, etc., et les personnes des départements voisins qui y viennent à ce moment.

CHOIX D'UNE SAISON. — S'il y a un certain avantage à habiter Luchon dans les mois de juillet et août, au point de vue des grandes distractions qu'on peut y trouver, il n'en est pas de même au point de vue des facilités du traitement. C'est à peine si, pendant la belle saison, on peut se procurer une heure pour prendre son bain.

3

Aussi conseillerai-je aux personnes qui ne vont à Luchon que pour y suivre strictement un traitement balnéaire, de s'y rendre vers le 15 juin pour y demeurer jusqu'au 10 ou 15 juillet; ou bien encore vers le 20 du mois d'août, pour y rester jusqu'au 15 où 20 septembre.

Il faut, cependant, faire une exception pour les personnes délicates qui sont atteintes d'affections des voies respiratoires. Ces dernières doivent venir de préférence du 10 au 15 juillet, parce qu'à cette époque, la température est plus chaude, plus constante; et qu'on n'a pas à craindre les variations extrêmes de température qui se manifestent soit dans le mois de juin, soit dans les mois de septembre et octobre.

Inscription des Baigneurs sur le registre de l'établissement.

Aussitôt arrivés, les malades doivent aller se faire inscrire, afin de prendre un numéro d'ordre, car les cabinets inoccupés ou devenus libres ne sont attribués qu'en suivant les numéros d'inscription.

Les premiers inscrits seront donc les premiers satisfaits.

Le bureau de l'employé chargé des inscriptions est ouvert :

De 5 à 11 heures du matin
Et de 2 à 6 heures du soir.

Il est dans la première pièce à droite en entrant par la grande porte de la galerie des Pas-Perdus.

En ce qui concerne les malades et le service des bains, on trouvera affiché, dans cette même salle, une copie du cahier des charges imposées au fermier, qui vous fera connaître le prix des bains, douches, etc.

Cette première précaution prise, il en est une autre que vous ne devez pas négliger; c'est de vous rendre aussitôt auprès de votre médecin, pour prendre une consultation en règle qui vous permette de commencer sans retard et avec quelque fruit le traitement que vous vous proposez de suivre.

Car n'allez pas croire que, quelque soit l'ouvrage que vous ayez et quels que soient les conseils que vous puiserez de droite et de gauche, vous puissiez vous diriger dans le traitement qui peut convenir à telle ou telle affection ; se laisser aller à une pareille erreur serait chose parfois très-funeste.

Le *Guide* que vous avez entre les mains pourra certainement vous être de quelque utilité pour nombre de renseignements qu'il est indispensable qu'un malade connaisse ; mais il n'a nullement la prétention de s'ériger en maître, encore moins en conseiller assez perspicace, pour permettre de se soigner soi-même, ainsi que nombre de petits ouvrages et quantité de prospectus mensongers vous en offrent les moyens.

Pratique des plus dangereuses, qui s'exerce aujourd'hui sur une trop grande échelle, pour ne pas éveiller l'attention du public à l'endroit d'une manière de faire si déplorable, qu'un mot, *Charlatanisme*, peut seul caractériser.

PERSONNEL MÉDICAL.

Liste de MM. les Médecins exerçant à Luchon, pendant la saison des eaux.

LAMBRON ✳, inspecteur, cité Bordeu.
BANÈS, 1er adjoint inspecteur, allée d'Etigny, 41.

DULAC, 2e adjoint inspecteur, route d'Espagne, 63.
PÉGOT ❋, médecin de l'hôpital, allée d'Etigny, 21.
FONTAN ❋, allée d'Etigny, 30.
GARGUE, allée d'Etigny, 45.
CHAPELON, allée d'Etigny, 49.

Officiers de santé.

ESTRADÈRE, allée de Bareugnas.
MONDON, allée d'Etigny, 10.
MARGOTON, rue d'Espagne, 47.

Pharmaciens

BOILEAU, allée d'Etigny, 27.
ESTRADÈRE, allée d'Etigny, 16.
SAPÈNE, allée d'Etigny, 20.

BAGNÈRES-DE-LUCHON

SON ORIGINE, SA POSITION

NOTICE HISTORIQUE

SON CLIMAT, SES PROMENADES

LA VIE A LUCHON

SES PLAISIRS, SES CURIOSITÉS

SES THERMES

Ses Eaux sulfureuses

BAGNÈRES-DE-LUCHON.

Sa position, son origine, historique.

Bagnères-de-Luchon, chef-lieu de canton de l'arrondissement de saint Gaudens (Haute-Garonne), est situé au centre même des Pyrénées, à 624^m au-dessus du niveau de la mer, dans l'une des plus magnifiques vallées, la vallée de la Pique, remarquable par sa végétation luxuriante due au terrain d'alluvion dont est formé le bassin de Luchon qui fut, dit-on, un ancien lac.

Luchon est entouré d'un cirque de montagnes dont l'aspect est des plus imposants; barrières éternelles qui séparent la France de l'Espagne. Au sud, en face de soi, on aperçoit les âpres rocs sauvages de la Maladetta, et ses immenses glaciers. Au nord, se trouve la montagne de Cazaril, élevée de 1480^m dans sa plus grande hauteur, qui l'abrite des vents du nord. A l'est, les montagnes de Poujastou, Prat-pardin, Mail-de-cric, Très-Courets, au pied desquelles se trouvent les petits villages de Montauban et de Saint-Mamet, à une très-petite distance de Luchon. A l'ouest, la montagne de

Superbagnères, haute de 1797^m, du pied de laquelle sourdent toutes les eaux sulfureuses de Luchon.

Origine. — Luchon viendrait, c'est l'opinion la plus généralement accréditée, de Lixon, nom d'un Dieu qui, du temps des Celtes, était le Dieu protecteur du pays ; tel est du moins le nom de la divinité invoquée par les baigneurs du temps des Romains qui, on ne peut en douter, firent usage de ces eaux. Les autels votifs qu'on y a trouvés et les piscines, dont il existe encore des vestiges, témoignent assez de ce fait.

Dans la salle numéro 2 des thermes actuels se voit un grand autel votif portant cette inscription :

NYMPHIS.
AVG.
SACRUM.

CONSACRÉ AUX AUGUSTES NYMPHES.

Ce monument était autrefois dans la cour des bains de l'ancien établisssement.

On a trouvé encore ces deux autres :

NYMPHIS.
T. GLAUDIUS.
RUFUS.
V. S. L. M.

AUX NYMPHES, TITUS
CLAUDIUS RUFUS.

MONTI.
B V S. Q. G.
AMOBNUS.
V. S. L. M.

AUX DIEUX DES MONTAGNES,
QUINTUS GAMOBNUS.

En faisant les fouilles pour la reconstruction du nouvel etablissement, on a découvert les restes des anciens thermes Romains, consistant dans plusieurs bassins de dimensions différentes, parmi lesquels on remarquait 3 piscines dont 2 petites et une grande.

Historique. — Ce fut vers l'an 78 avant Jésus-Christ que les Pyrénées tombèrent au pouvoir des Romains. Elles restèrent sous leur domination pendant près de quatre siècles ; après quoi elles passèrent successivement sous la domination des Goths, des Visigoths, des Sarrazins, des Espagnols et des Francs. Il est probable que ces barbares détruisirent l'établissement des bains bâti par les Romains, qui, par les restes qu'on a retrouvés, fait présumer que ce monument était comme tous ceux qu'a laissés ce grand peuple, d'une importance assez considérable, puisqu'il avait presque les mêmes dimensions que celui qui existe actuellement.

Pendant tout le temps que dura l'invasion de ces barbares, Luchon tomba dans l'oubli et ses eaux restèrent sans être fréquentées, jusqu'à ce que cette contrée, qui dès l'an 1300 faisait partie du comté de Comminges, fût incorporée à la couronne de France ; encore même à cette époque, ses eaux furent-elles peu suivies par des personnes venant de Paris ou d'autres parties de la France. C'est qu'alors la vogue était pour les Eaux-Bonnes qui, comme on le sait, furent fréquentées par les seigneurs de la cour et par Henri II, roi de Navarre, ainsi que par plusieurs Béarnais, blessés à la bataille de Pavie, qui y étaient venus chercher la guérison de leurs blessures ; circonstance qui fit donner à ces eaux le nom d'eaux d'Arquebusade.

Vers cette même époque, la vogue était aussi pour Cauterets, qui était visité chaque année par la spirituelle et charmante Marguerite de Navarre, sœur de François Iᵉʳ. C'est à Cauterets qu'elle composa, dit-on, ses contes si célèbres connus sous le nom de *Contes de la Reine de Navarre*. Aussi la réputation des eaux de

Luchon resta-t-elle longtemps confinée parmi les habitants du pays, jusqu'à ce qu'enfin Mégret d'Étigny, alors intendant des provinces de Gascogne et de Béarn, vint la tirer de l'obscurité et de l'oubli en 1751.

Son premier soin fut de faire arranger la seule piscine qui existait alors à Luchon, et qui consistait dans un vaste bassin tout à découvert, où les malades venaient se baigner pêle-mêle ; il fit élever les murs de cette piscine et la fit couvrir d'un toit ; il y fit placer des espèces d'auges en bois de sapin, destinées à remplacer le bain commun. En 1762, le duc de Richelieu, alors gouverneur de la Guienne, étant venu à Luchon pour y prendre les eaux qui opérèrent sur le maréchal une cure heureuse, d'Étigny profita de cette occasion pour solliciter du duc de Richelieu sa haute protection auprès du roi, afin d'avoir l'autorisation de faire faire de nouvelles fouilles et d'ouvrir une voie praticable qui donnât accès à Luchon.

Cette autorisation lui ayant été accordée, il fit faire cette belle route qui de Montréjeau conduit à Luchon, à la place d'un sentier très périlleux, la seule voie qui à cette époque conduisait à Luchon. Un peu plus tard, il fit poursuivre cette même route jusqu'à Bagnères-de-Bigorre. Les nouvelles fouilles qu'on pratiqua firent découvrir plusieurs sources, auxquelles on donna le nom de Reine, qui suppléèrent à l'insuffisance de la Grotte, seule source qui alimentât alors les bains de Luchon. Ce fut vers 1765, que d'Étigny fit percer cette magnifique allée qui aujourd'hui porte son nom. L'ouverture de cette superbe allée, plantée de chaque côté de deux rangées de grands arbres, qui a contribué si puissamment à l'embellissement et à la fortune de Luchon, faillit lui coûter la vie.

Vers cette même époque, en 1766, Richard, chirurgien en chef des armées du roi, et Bayen, célèbre chimiste, furent envoyés en mission à Luchon pour étudier ses eaux. Les fouilles que fit faire Richard, donnèrent pour résultat la découverte de la source dite des Romains. Bayen de son côté, ayant fait une analyse complète de ces eaux, présenta un mémoire fort détaillé qui eut assez de retentissement pour attirer à Luchon certains grands personnages de la cour : Madame de Maintenon, le prince de Rohan, le duc de Choiseuil, etc.

A la mort d'Etigny 1767, Luchon possédait déjà plusieurs sources assez importantes. La Grotte, la Reine, celle des Romains, Ferras, Lasalle, La Blanche, la Froide, mais il n'avait pour tout établissement qu'une petite bâtisse qui servait à abriter les bassins. En 1785, de Lachapelle, qui avait succédé à d'Etigny comme intendant des généralités d'Auch et de Pau (Gascogne et Béarn), conçut le projet de faire construire un vaste établissement, dont il posa les premiers fondements. Cet établissement, dont la construction fut suspendue, faute d'argent, ne fut même pas achevé ; car en 1805 on démolit ce qui existait du bâtiment commencé par M. de Lachapelle, et on en contruisit un autre, plus près de la montagne, qui ne fut terminé qu'en 1815. Cet établissement, d'ailleurs très-insuffisant, vu la renommée et la prospérité toujours croissantes des eaux de Luchon qui, chaque année, voyait augmenter le nombre de ses baigneurs, était tombé dès 1835 en pleine décadence ; les eaux, mal captées, mal emménagées, se perdaient ou se mélangeaient avec les eaux de la source froide et les eaux ferrugineuses ; il arrivait même que l'eau manquait quelquefois.

Ce fut alors que M. Fontan commença ses recherches sur les eaux de Luchon, et obtint, à la suite d'un mémoire qu'il présenta, qu'on fît de nouvelles fouilles et un nouvel établissement, l'ancien se trouvant plus qu'insuffisant.

Les fouilles furent confiées à M. François, alors ingénieur des mines dans l'Ariége, et effectuées dans le courant de l'hiver 1836. On découvrit de nouvelles sources qui, avec les anciennes, forment un total de 48, sans y comprendre la source froide et quatre sources ferrugineuses.

Cette même commission avait également décrété la construction d'un nouvel établissement, dont l'exécution ne put avoir lieu que bien plus tard, en 1848. M. Chambert fut chargé par la commune d'en faire le plan et d'en diriger les travaux. Grâce au talent qu'a déployé cet habile architecte, dans cette construction à la fois si grandiose et si bien distribuée, les Luchonnais n'ont eu qu'à se louer du choix qu'ils ont fait; car Luchon possède le plus bel établissement thermal des Pyrénées.

Luchon et ses Promenades.

Luchon est, sans contredit, l'une des plus charmantes villes de bains des Pyrénées, encadrée dans la délicieuse vallée de la Pique, traversée par le gave de ce nom et entourée de montagnes richement boisées.

Cette magnifique vallée offre un heureux mélange de prairies et de champs cultivés, entrecoupée d'allées et de sentiers qui permettent aux malades, qui ont besoin de faire beaucoup d'exercice sans trop de fatigue, de parcourir toute cette immense plaine, et d'y faire de salutaires promenades, sur un sol toujours uni, sans rencontrer le moindre accident de terrain.

Les personnes valides qui ne craignent pas la fatigue, pourront y faire de longues excursions, qui offrent à l'amateur de paysages romantiques les sites les plus riches en effets variés et saisissants, dont rien n'égale les beautés pittoresques et la sauvage grandeur. La variété des aspects permet au visiteur de donner chaque jour un nouveau but à ses excursions, et de rencontrer partout de nouvelles beautés. A chaque instant, en effet, la disposition des lieux change : vallées, gorges, défilés, cols, cascades, lacs, glaciers, etc., s'offrent à l'œil du touriste, qui ne peut se rassasier de telles merveilles.

Parmi les localités que visitent habituellement les étrangers, je citerai pour le moment : le port de Venasque, d'où l'on aperçoit dans son entier la Maladetta et ses immenses glaciers, que les plus hardis se hasardent quelquefois à traverser, pour gravir jusqu'au sommet du pic Néthou (le plus élevé de la chaîne) ; le pic Céciré, d'où l'on jouit à la fois de la vue de la plaine, et de celle d'un nombre considérable de vallées, dont les plus gracieuses sont celles d'Oueil et de Larboust : l'Entécade, d'où l'on aperçoit dans presque toute son étendue, la vallée d'Aran, le pic de Bocanère et le Monné qui, se trouvant placés en quelque sorte sur le premier plan des Pyrénées, permettent d'avoir une vue d'ensemble des principales montagnes, qui constituent cette chaîne. Je citerai encore comme de charmantes promenades : celles de la vallée du Lys, de l'Hospice, du lac d'Oo, de la vallée d'Aran, etc., et parmi celles qui sont autour de Luchon, les magnifiques promenades qu'on peut faire sur la montagne de Superbagnères, les villages voisins de Montauban et Saint-Mamet, la tour de Castel-Vieil, le mail de Soulan, le chemin de la Casséide, etc. (1).

Où trouver ailleurs l'équivalent d'un pareil ensemble ?

En quel autre lieu de l'Europe, le malade amateur de la belle nature trouvera-t-il, pour prendre un salutaire exercice à pied ou à cheval, de pareils sites où tout concourt à lui faire rencontrer le plaisir et la santé ?

On peut ajouter que, pour en assurer la pleine jouissance à l'étranger, tous les points sont rendus accessibles par des chemins tracés avec autant de goût que les allées du parc le mieux dessiné, comme cela se voit sur la montagne de Superbagnères.

Un bon piéton peut aisément faire connaissance avec tous les paysages réellement ravissants des environs de Luchon ; mais le malade, bien qu'il puisse se contenter des promenades variées et gracieuses du voisinage immédiat de la ville, ne peut guère se passer d'une voiture ou d'un cheval ; deux choses qu'on peut se procurer à Luchon avec facilité et à des prix très-raisonnables. Les petits chevaux des Pyrénées sont la plus agréable monture que puisse désirer un malade ; parfaitement dressés pour la selle, habitués à l'allure douce et commode du petit galop, ils ont le pied sûr et méritent leur surnom d'infatigables. Accoutumés au

____

(1) Les touristes trouveront, au chapitre consacré aux excursions, des détails assez complets sur celles qu'on fait le plus habituellement.

sol rocailleux qu'il leur faut continuellement parcourir,
sous leurs cavaliers des deux sexes, ils gravissent les
montagnes les plus escarpées, par de petit sentiers à
travers lesquels ils savent trouver leur chemin avec un
instinct merveilleux, sans jamais vous faire arriver
d'accident.

PROMENADES DE LUCHON. — Les promenades à Luchon
sont des plus belles et des plus variées ; les principales
sont :

L'allée de la Pique. — Magnifique promenade plantée d'ormeaux, en face des thermes, qui va de la place
du quinconque au gave de la Pique.

L'allée de Piqué. — Part de l'extrémité nord de
l'allée d'Etigny et conduit directement au village de
Montauban. C'est dans cette allée, plantée dans toute sa
longueur de superbes platanes érables, que se trouvent situés le tir, casino des chasseurs, le grand Casino,
le musée Pyrénéen, la villa Gypsi.

Allée du bord du gave de la Pique. — Ces deux
grandes allées, sont reliées entr'elles par une troisième
qui suit le bord de la Pique, toute plantée de peupliers. Vers le milieu de cette longue allée, se trouve la
ravissante villa Narischkine.

Allée de Barcugnas. — Magnifique promenade plantée
de platanes, qui est à l'entrée de Luchon sur la route
de Toulouse. A quelques pas de cette allée, on rencontre sur sa gauche la source ferrugineuse de Barcugnas,
située presque au pied de la montagne de Cazaril.

Allée des Soupirs. — Superbe allée plantée de sy-
comores et de sorbiers, située à l'entrée de la vallée
de Larboust. Appelée anciennement allée des Zéphirs,

4

elle reçut le nom d'allée des Soupirs, en souvenir des rendez-vous d'un jeune homme et d'une jeune fille, dont les amours et l'histoire tragique avaient inspiré une grande sympathie à la population entière de Luchon.

Allée d'Etigny. — L'allée d'Etigny fut ouverte, avons-nous dit, par l'intendant d'Etigny qui manqua d'être lapidé en pleine place publique, par une populace incapable de comprendre la grandeur du service qu'on lui rendait. Il ne fallut rien moins que l'intervention de la force armée pour empêcher les Luchonnais d'accomplir leur dessein.

Cette allée, la plus belle promenade de Luchon, l'on peut même dire l'une des plus belles promenades du monde, est à la fois une rue, un boulevard, une place publique, qui n'a pas moins de 600ᵐ de longueur sur 30ᵐ de largeur. Cette promenade, à quatre rangées de tilleuls séculaires, formant de chaque côté de la chaussée un berceau de verdure que le soleil ne peut pénétrer, conserve toujours une fraîcheur délicieuse et offre aux promeneurs, même en plein midi, une retraite des plus charmantes. Bordée, de chaque côté, de maisons meublées et d'hôtels d'une construction vraiment grandiose, 2,000 étrangers peuvent s'y loger à tous prix, selon leur goût et leur fortune. — On y jouit du coup-d'œil le plus ravissant; on a en face de soi, la Maladetta, dont les cîmes sont toujours couvertes de neige, même dans les plus fortes chaleurs de l'été. Au bout de l'allée, on aperçoit un joli chalet rustique qui abrite la source du Pré.

Quinconce. — Arrivé à l'extrémité sud de l'allée d'Etigny, on se trouve sur une grande place carrée, plantée de catalpas et de tulipiers, magnifique promenade, qu'on appelle le quinconce, où les baigneurs viennent se reposer à l'ombre que procure l'épais feuillage de ses arbres, en attendant l'heure des bains.

Au milieu de cette place se dresse un élégant kiosque, où tous les soirs de 8 à 10 heures, pendant la belle saison, un orchestre, composé des meilleurs musiciens de Toulouse, exécute une série de morceaux choisis et variés.

Jardin Anglais. — A côté, existe un magnifique jardin anglais, qui rappelle en miniature le bois de Boulogne de Paris, surtout depuis qu'on y a creusé un lac d'une assez grande étendue pour permettre de petites promenades en bateau. Ce bassin, alimenté par une superbe cascade, qui tombe en s'éparpillant sur des rochers arrangés avec un goût tel, qu'on les croirait plutôt le travail de la nature que celui de la main de l'homme, est l'ouvrage de M. Tron, maire de Luchon. Ce magistrat, à qui les Luchonnais doivent une si grande reconnaissance pour tous les embellissements dont la ville lui est redevable, joint à une intelligente administration un caractère vraiment paternel pour ses concitoyens.

Promenoirs et Buvettes extérieures. — Au-dessus des thermes et sur le même plan que le pavillon de la buvette, se trouve une charmante petite promenade, plus longue que large, qui conduit des thermes à la buvette du Pré, et où tous les soirs, de 4 à 6 heures, la musique se fait entendre. A ce moment cette promenade est très-animée par tous les étrangers qui sont à Luchon; société des plus élégantes, émaillée de femmes ravissantes par leur beauté, et leurs costumes qui n'ont rien d'emprunté aux toilettes des grandes villes.

La vie à Luchon. — Curiosités et plaisirs de la ville. — Son climat.

Durant la saison des eaux, Luchon présente une animation et un entrain qui font de cette station l'une des plus agréables villes de bains.

Chaque année, une affluence non-seulement de malades, mais encore de touristes et d'amateurs, viennent, demander à cette nature grandiose, les uns de nouveaux spectacles, d'autres des distractions à l'ennui.

Au point du jour, les rues et les promenades retentissent du galop des chevaux et des éclats de voix des caravanes, composées de cavaliers et d'amazones élégantes et gracieuses qui, partant au galop, s'acheminent joyeusement vers les montagnes.

Les matinées sont employées par les étrangers à visiter l'établissement des bains, suivant l'instruction de leurs médecins ; à ce moment l'allée d'Etigny est sans cesse sillonnée de malades qui vont aux bains ou qui en reviennent.

A une heure environ, on fait des parties de promenade, soit à cheval soit en voiture, ou bien l'on va vers quatre heures, entendre la musique du premier concert, qui joue de 4 à 6 heures, sur le promenoir des buvettes ; — à 6 heures tout le monde dîne.

Arrive le soir qui est le plus beau moment de la journée. Les soirées sont magnifiques à Luchon, une animation pleine de charme régne sur toutes les pro-

menades : sur les Quinconces, où la musique se fait
entendre, la plus belle société se donne rendez-vous.

On ne peut se figurer un spectacle plus attrayant et
plus animé que cette belle place pendant les soirées
d'été. En aucune ville d'Eaux, on ne trouve une réunion mieux choisie; nulle part on n'écoute des accords
plus délicieux que ceux du bel orchestre dirigé par
l'habile Luigini, du théâtre de Toulouse.

Va-t-on sur l'allée d'Etigny, on y rencontre une
foule immense : malades, touristes, femmes charmantes de tous les pays, mises avec un goût véritablement
exquis, et avec les costumes les plus variés.

Pendant toute la saison, l'allée d'Etigny est éclairée
au gaz, ainsi que toutes les maisons des proprié-
taires, qui sont tenus, d'après un arrêté du maire,
d'avoir sur le devant de leurs maisons un bec de
gaz qui doit rester allumé toute la nuit. Tous les hôtels, cafés, où se trouvent des réunions particulières,
sont éclairés à giorno, ce qui donne à cette promenade
un air de fête et un aspect des plus féeriques ; on di-
rait le boulevard le plus animé de Paris.

Tous les plaisirs se trouvent réunis sur cette majestueuse promenade, cafés en plein air, magasins de
toutes sortes, musiciens de tous les pays, qui s'arrêtent
à toutes les portes, pour faire entendre une musique
qui n'a rien de commun avec celle qu'on vient d'écou-
ter sur le quinconce. Ce sont des orchestres composés
par des habitants des pays voisins, qui viennent offrir aux étrangers nouvellement arrivés une sérénade
qu'ils font durer plus ou moins de temps, jusqu'à ce
qu'ils aient touché un salaire quelconque, pour l'honneur qu'ils veulent bien vous faire en fêtant votre arrivée. Dans tous les cas, gardez-vous bien de ne leur

rien donner, car ils pourraient prolonger leur visite et au besoin la renouveler, ce qui ne vous satisferait nullement.

C'est de sept à dix heures, que règne la plus grande animation ; après cette heure la foule s'éclaircit, les uns rentrent chez eux pour prendre le repos si necessaire, après une de ces longues excursions à pied ou à cheval qui, par la fatigue qu'elle vous occasionne, vous invite à un sommeil si bienfaisant et si réparateur, que le lendemain on se trouve assez dispos pour recommencer ; d'autres au contraire, s'acheminent tantôt vers le bal, tantôt vers les salons des hôtels qui tiennent lieu pour le moment de cercles de réunion. Espérons que, sous peu, Luchon possédera un casino avec salle de bal, salle de théâtre et de concert ; en un mot, un établissement digne de la première ville des eaux des Pyrénées.

Parmi les amusements de la ville, je citerai encore les délicieux petits dejeûners qu'on peut faire à la chaumière, ainsi que ceux qu'on vous servira au casino des chasseurs, où l'on trouve également un tir au pistolet et à la carabine, salle de billard, salle d'escrime, bibliothèque, etc.

Parmi les curiosités de la ville je citerai le Musée pyrénéen, situé au premier étage du casino, dans la rue de la Piqué.

Ce musée, magnifique collection de produits naturels et artificiels des Pyrénées, appartient à la famille de M. Néré Boubée, qui en est le fondateur.

Il est ouvert tous les jours de 9 heures du matin à 6 heures du soir.

On paye 1 franc d'entrée ; les jeudis toute la jour-

née et les dimanches de 2 à 6 heures, l'entrée n'est
que de 50 c.

Je recommanderai surtout d'aller visiter le plan en
relief des Pyrénées, magnifique ouvrage de l'ingénieur
Lezat, qui permet d'embrasser dans leur ensemble ce
dédale inextricable de montagnes entassées les unes
sur les autres, et de se rendre compte de certains
détails, comme la position des villes, villages et ha-
meaux, la hauteur des montagnes et la profondeur des
vallées, etc.

Prix d'entrée. { 1 fr. par personne.
2 fr. par abonnement pour toute
la saison.

On pourra encore aller voir le plan en relief des
galeries souterraines des sources de Luchon, situé, ainsi
que le plan en relief des Pyrénées, au 1er étage de l'é-
tablissement des bains.

La simple vue de ce plan, si exact qu'il soit, ne
doit pas vous faire négliger d'aller visiter ces galeries,
magnifique travail dû à l'habileté de M. François, ingénieur en chef des mines. Vous vous adresserez pour
cela au jardinier qui, moyennant une gratification
laissée complètement à la discrétion des visiteurs, vous
accompagnera partout et complétera, par les descrip-
tions qu'il a l'habitude d'en donner, une foule de renseignements que vous serez très-heureux de connaître.

Climat de Luchon. — Quoique situé au fond d'une
vallée entourée de hautes montagnes, qui ne permettent pas au soleil d'éclairer cette contrée, aussi longtemps qu'il éclaire le pays de plaine, quoique à
629m au-dessus du niveau de la mer, conditions qui,
comme on le sait, sont susceptibles d'abaisser beau-

coup la température d'un lieu, le climat de Luchon est doux, l'air qu'on y respire est pur et vif, les nuits y sont belles; le ciel des plus purs, étincelle d'un nombre incalculable d'étoiles qui jettent une lumière assez intense pour permettre de voir très-distinctement le sommet des montagnes, surtout pendant les mois de juillet et août.

L'atmosphère n'est jamais très-humide, quoique les pluies et les orages soient plus fréquents que dans les pays de plaine. Jamais, pendant les mois de juillet et août, on ne voit le soir de brouillards, ni même de rosée, comme dans certaines stations des Pyrénées.

Le climat de Luchon qui, en résumé, est un climat doux, possède l'inappréciable avantage d'une atmosphère raréfiée et vivifiante, qui convient à merveille à certaines personnes malades ou valétudinaires, d'un tempérament délicat et impressionable, et même aux personnes atteintes d'affections de poitrine. Ces derniers n'auront pas à craindre, dans cette localité, les effets pernicieux d'un air trop excitant, ce qui tient à sa situation peu élevée; tandis que l'air qu'on respire dans certaines stations situées à une hauteur qui dépasse 1200^m, devient excitant et par conséquent pernicieux pour les personnes atteintes d'affections des organes respiratoires, ou seulement faibles de poitrine.

Ce climat vraiment tonique convient admirablement aux personnes chloro-anémiques ou épuisées à la suite de longues maladies.

Établissement des Bains.

L'établissement des bains, l'un des plus beaux et le

plus vaste des Pyrénées, est situé à l'extrémité sud de l'allée d'Etigny, en face du Quinconce.

Cet établissement, bâti au pied de la montagne de Superbagnères, sur l'ancien emplacement des bains Romains est une construction vraiment grandiose. Il a 97^m de façade, sur 53^m de profondeur; sa façade est ornée d'un magnifique portique en marbre blanc de Saint-Béat, de chaque côté duquel s'étend un péristyle supporté par 28 colonnes (14 de chaque côté). Cette longue colonnade, dont chaque colonne est d'un seul morceau, et le portique si élevé, donnent à cet édifice un cachet vraiment monumental.

Au-dessus de la grande porte d'entrée, on voit un autel votif portant cette inscription :

DEO

LIXONI

FLAVIA RVFI

F. PAVLINA

V. S. L. M.

AU DIEU LIXON, PAULINE, FILLE DE FLAVIANUS RUFUS.

L'intérieur est admirablement bien disposé : en entrant, on se trouve dans une vaste galerie qu'on appelle la salle des Pas-Perdus, ornée de magnifiques peintures allégoriques représentant les unes :

Les nymphes des huit principales sources de Luchon, qu'on aperçoit dans les arceaux laissés entre les fenêtres.

Elles se présentent dans l'ordre suivant, quand on va de gauche à droite, à partir de la grande porte d'entrée :

1° La nymphe de la source du Pré;

2º La nymphe de la source Bordeu;

3º La nymphe de la source des Romains;

4º La nymphe de la source de la Reine;

5º La nymphe de la source de la Grotte;

6º La nymphe de la source de la Blanche;

7º La nymphe de la source Richard;

8º La nymphe de la source d'Etigny.

Les autres sont des figures de femmes, peintes dans les panneaux, personnifiant les déesses des montagnes.

Elles se présentent dans l'ordre suivant, quand on va également de gauche à droite, à partir de la grande porte d'entrée :

I. La déesse du port de Vénasque;

II. La déesse de la vallée du Lys;

III. La déesse de la Maladetta;

IV. La déesse de la vallée d'Oueil;

V. La déesse du Montné;

VI. La déesse de la vallée d'Oo;

VII. La déesse de la vallée d'Esquierry;

VIII. La déesse de la vallée de Luchon.

Dans le frontispice du fond, au-dessus du grand escalier, on aperçoit une magnifique fresque :

Allégorie de la découverte des sources et de l'érection du nouvel établissement.

A gauche du spectateur est le génie des sources, qui montre à la chimie les sources qu'il vient de découvrir, afin qu'elle puisse en faire l'analyse.

A droite, l'architecture consulte la médecine, assise sur les ruines de l'ancien établissement des Romains, sur les améliorations à apporter dans la construction du nouvel établissement dont elle présente le plan.

A droite et à gauche du tableau sont figurés les génies des sciences et des arts.

Le bureau d'inscription ou de l'administration est à droite en entrant dans la salle des Pas-Perdus; le bureau de la délivrance des cartes des bains est à gauche.

De cette même salle, on communique par deux belles galeries transversales dans toutes les autres parties de l'établissement.

La première galerie qu'on rencontre est la galerie dite des bains, qui conduit aux piscines et aux salles de bains.

Les salles de bains, au nombre de 9, contiennent 92 cabinets et 100 baignoires en marbre, toutes munies de douches locales mobiles qui peuvent être, à volonté, à jet unique, multiple ou en arrosoir, et servir de douches d'injection.

Les salles n°⁵ 3, 5 et 7 sont pourvues de 26 douches ordinaires diverses.

Les salles de bains et celles des piscines sont autant de pavillons isolés, dont les uns ont leur voûte très-élevée, condition très-heureuse quand on se propose d'avoir un air peu chargé de vapeurs sulfureuses ; d'autres au contraire, ont des voûtes plus basses, ce qui permet d'avoir une élévation de température plus grande et un air plus chargé d'acide sulfhydrique.

Certains cabinets de bains sont recouverts de voûtes complètes, quelques uns de voûtes partielles, d'autres ont simplement des tentures de coutil; tous sont munis de moyens d'aérage très-bien disposés.

Il y a 3 piscines : une grande piscine de natation et deux petites piscines, une pour les dames et une pour les hommes.

Cette seconde galerie renferme :

1° Une petite salle de bains, contenant six cabinets.

2° Plusieurs salles de bain avec grandes douches.

3° Six grandes douches
{
3 grandes douches de Pression,
1 grande douche dite de Richard.
1 douche écossaise.
1 douche jumelle.
}

4° Douche locale d'Etigny.

5° Trois douches ascendantes.

6° Une étuve souterraine (étuve humide).

7° Des galeries souterraines destinées à l'inhalation.

8° Diverses salles destinées aux bains et douches de vapeur, ainsi que des salles destinées au massage, enfin quelques cabinets munis de lits de repos.

Sous cette même galerie sont établies trois buvettes :

	Température.	Sulfuration.	Par litre.
1° Les Romains.	47°	0,0515	= 5 centig.
2° Ferras inf. n° 1	34°	0,0528	= 5
3° Ferras inf. n° 2	39°	0,0392	= 4

L'eau de ces trois sources est d'une digestion facile.

Le grand escalier, qui est au fond de la salle des Pas-perdus, vous conduit sur une allée qu'on appelle le promenoir des buvettes, parce que sur cette allée sont établies les buvettes extérieures qu'on a divisées en trois groupes.

		Temp.	Sulf.	Par litr.
1er Groupe	Blanche.........	39° C.—	0,0220	= 2 cent.
	Grotte supér...	55° —	0,0443	= 4 c. 1/2
	Reine...........	49° —	0,0540	= 5 c. 1/2
	Froide......			

		Temp.	Sulf.	Par litr.
2e Groupe	Ferras ancien,	28°	— 0,0049	= 1/2 c.
	Ferras nouvel.	31°	— 0,0110	= 1 c.
	L'Enceinte.....	42°	— 0,0589	= 6 c.
3e Groupe	I. Pré n° 1.	51°	— 0,0735	= 7 c.
	II. Pré n° 2.	41°	— 0,0589	= 5 c. 1/2
	III. Pré n° 3.	40°	— 0,0319	= 3 c.
	IV. Pré n° 4.	25°	— 0,0710	= 7 c.

Sur cette promenade se trouvent également les galeries ainsi que l'étuve souterraine (Étuve sèche) creusée dans le rocher même de la montagne; on y entre par la galerie Azémar qui lui sert en même temps de vestiaire.

Cette étuve, dont on peut à volonté faire varier la température de 33° à 40°, a une forme demi-circulaire; au milieu existe une large ouverture d'où s'échappent les vapeurs sulfureuses qui proviennent des eaux de la Reine et Bayen, qui coulent au fond de ce puits. Presque tout autour de cette antre rocheuse il y a une double rangée de gradins revêtus de marbre où se tiennent assis ceux qui prennent leur bain de vapeur.

Depuis trois ou quatre ans, on a établi des appareils pulvérisateurs, qu'on a installés au 1er étage de l'établissement dans deux salles, l'une destinée au dames, l'autre pour les hommes. Chacune de ces salles est pourvue de trois pulvérisateurs admirablement bien disposés et d'une extrême commodité.

Telles sont, en abrégé, les ressources balnéaires dont on peut disposer à Luchon.

Non seulement l'établissement des bains renferme tous les modes balnéatoires connus jusqu'à ce jour, de manière à ne rien laisser à désirer pour une parfaite

administration des eaux; mais encore la disposition générale en est si bien coordonnée que le malade, dès son
entrée dans l'établissement, passe successivement, pour se
rendre dans sa baignoire, par une atmosphère de plus
en plus chaude et riche en principes sulfureux; et qu'au
sortir du bain, au contraire, il voit décroître peu à peu
ces conditions, de sorte qu'il arrive au dehors et regag-
ne sa demeure sans transition brusque et dangereuse.

De plus, le débit des sources thermales sulfurées de
Luchon est si considérable, qu'on peut donner par
jour de 1300 à 1400 bains et 500 à 600 douches, et ali-
menter avec un courant continu deux petites piscines
et une grande piscine de natation, ce qui permet de
satisfaire, chaque jour, aux besoins de 1600 à 1800
baigneurs.

Luchon, ainsi qu'on peut s'en convaincre par ce
simple aperçu, présente, sous le rapport hydro-balnéaire, un ensemble qu'on ne rencontre pas dans les
autres thermes des Pyrénées.

D'un autre côté, Bagnères-de-Luchon, par la nature
de ses eaux, qui sont les plus sulfureuses, les plus
alcalines des eaux des Pyrénées, d'après Fontan, les
plus chaudes même après celles d'Ax; par la beauté de
son site, par la douceur de son climat et sa hauteur
moyenne, est une des stations les plus agréables et
les plus suivies.

Ainsi que l'a dit, avec assez de raison, M. le docteur
Fontan. « Ici la chaleur manque; là, c'est la chute; ailleurs c'est le principe sulfureux; tandis que Luchon
réunit tous ces avantages. »

Eloges un peu trop exagérés, sans doute, ainsi que
nous pourrons nous en convaincre quand nous traite-

rons des principales stations thermales des Pyrénées. Qu'il nous soit permis, pour le moment, de mentionner un inconvément qui existe à Luchon ; c'est que toutes les sources, excepté Richard nouvelle, sont ou trop froides ou trop chaudes, ce qui, dans certaines circonstances, oblige à les refroidir avec l'eau de la source froide, mauvaise condition qui peut diminuer la force et la qualité de ces eaux.

De plus, elles ne seraient pas, d'après M. Filhol, les plus alcalines des eaux des Pyrénées ; les eaux de Saint-Sauveur, de Baréges et de Labassère seraient plus alcalines.

« Il y a à Luchon, dit le même auteur, des eaux qui sont à peine alcalines et d'autres qui le sont très-sensiblement. » Mais n'anticipons pas sur les questions qui vont plus particulièrement nous occuper dans le paragraphe suivant.

EAUX SULFUREUSES DE LUCHON.

EAUX FERRUGINEUSES.

ACTION PHYSIOLOGIQUE DES EAUX SULFUREUSES DE LUCHON.

INDICATIONS.

CONTRE-INDICATIONS.

Eaux sulfurées sodiques de Luchon.

Bagnères-de-Luchon renferme de nombreuses sources minérales, qu'on peut diviser en :

I. EAUX SULFUREUSES.
- 1° Eaux sulfurées sodiques fixes ;
- 2° Eaux sulfurées sodiques dégénérées ;

II. EAUX FERRUGINEUSES.
- 1° Eaux ferrugineuses sulfatées ;
- 2° Eaux ferrugineuses crénatées.

Les sources sulfureuses sont au nombre de 48, sans y comprendre la froide. Elles proviennent des terrains primitifs (granit, gneiss, schistes gneissiques, micaschistes) à la limite des terrains de transition (schistes calcaires, argileux, quartz, etc.), qui forment la masse principale des montagnes du canton de Luchon, fréquemment imprégnée de carbone et de sulfure de fer, pyrite très-souvent accompagné d'alumine : composition géologique qui explique pourquoi on rencontre un si grand nombre de sources ferrugineuses autour de Luchon.

Sources ferrugineuses de Luchon. — Parmi les nombreuses sources ferrugineuses qu'on trouve à Luchon, nous citerons seulement celles qui sont plus particulièrement utilisées :

Les eaux ferrugineuses de Barcugnas,
— de Trébons,
— de Castelvieil,
— de Salles.

Toutes ces eaux sortent de schistes imprégnés de pyrite (sulfure de fer). Elles appartiennent toutes à la classe des eaux ferrugineuses sulfatées, car elles sont minéralisées par le sulfate de fer ; toutes renferment de l'alumine. D'après M. Filhol, ces eaux contiendraient un peu d'arsenic et d'iode.

De toutes ces sources, celle de Trébons semblerait être la meilleure, parce qu'elle contient très peu d'alumine.

Eaux sulfurées sodiques de Luchon. — La montagne de Superbagnères, d'où sourdent les sources sulfuréuses de Luchon, et l'emplacement sur lequel reposent ces thermes, sont formés d'un schiste micacé, dans lequel sont empâtés des blocs de granit à gros grains, renfermant des couches de mica feuilleté et de pegmatite, qui contient du mica palmé et rayonné.

Les sources inférieures, au nombre de 9, sortent des roches, formées de schistes et micaschistes, sur lesquelles est bâti l'établissement actuel.

Les sources supérieures, au nombre de 40, naissent, les unes d'un massif de granit, d'autres de schistes micacés et siliceux, au pied même de la montagne de Superbagnères, à des distances plus ou moins grandes de l'établissement.

Toutes ces sources, admirablement bien captées et emménagées par M. François, ingénieur des mines de l'Ariége, sont amenées au moyen de conduits en maçonneries (galeries souterraines) et par des tuyaux en bois et en porcelaine, dans des réservoirs immenses, situés derrière l'établissement, et de là distribuées dans les différentes parties de l'établissement, sans qu'on ait à craindre la moindre déperdition de chaleur ou la moindre altération du principe sulfureux.

Comme quelques-unes de ces sources ne sont que des naissants d'une seule et même source, elles ont été réunies, d'après leur analogie de composition, en dix groupes qui constituent les sources alimentaires des bains et douches.

Ainsi, les 48 sources sulfureuses de Luchon ne forment plus que 10 sources qui sont :

Noms des Sources.	Température.	Sulfuration.
1° La Reine................	56° 60	0,0567
2° La Grotte inférieure.	52° 20	0,0675
3° La Grotte supérieure	58° 44	0,0601
4° Richard inférieur ou		
Richard ancienne.	46° 00	0,0540
5° Richard supér. ou		
Richard nouvelle..	50° 00	0,0475
6° La Blanche............	38° 00	0,0150

7° Ferras................	34° 00	0,0120
8° Etigny...............	36° 60	0,0350
9° Bosquet..............	44° 00	0,0450
10° Bordeu..............	44° 00	0,0650 à 0,0715

Caractères physiques et chimiques des Eaux sulfurées sodiques de Luchon.

I. — Les eaux sulfureuses de Luchon sont limpides, incolores et d'une transparence parfaite que quelques unes d'elles conservent indéfiniment, tandis que d'autres prennent une teinte jaunâtre, lorsqu'elles sont exposées à l'action de l'air, et finissent même par devenir laiteuses par le refroidissement.

II. — Aussi certaines de ces sources sont-elles très altérables, et présentent-elles le phénomène de blanchiment à un très haut degré.

III. — Toutes exhalent une odeur prononcée d'œufs couvis.

IV. — Leur saveur est franchement hépatique.

V. — Leur température est de 20 à 67° centig.; ce sont les plus chaudes après celles d'Ax.

VI. Ces eaux laissent dégager, à leurs griffons, une quantité assez notable d'azote.

VII. Quelques unes d'entre elles, Pré n° 1, Bordeu n° 1, Reine, Grotte supérieure, Richard supérieure, dégagent dans leurs conduits et dans leurs réservoirs, une quantité assez notable d'acide sulfhydrique, ce qui est dû à leur décomposition par l'air contenu dans les conduits. Parfois même des dépôts de soufre se font dans les tuyaux qui conduisent les eaux sulfureuses, aux endroits où le niveau de l'eau n'atteint jamais. Ces dépôts s'expliquent par la décomposition de l'acide sulfhydrique au moyen de l'oxygène de l'air qui, en s'emparant de l'hydrogène de cet acide pour former de l'eau, met une grande partie du soufre en liberté, qui alors se dépose sur les parois de ces conduits.

VIII. — Elles sont alcalines ; elles seraient même, d'après M. Fontan, les plus alcalines de toutes les sources de la chaîne des Pyrénées.

Leur alcalinité est due au sulfure de sodium ; nous devons faire observer que les eaux de Luchon, comme toutes celles qui sont très altérables, deviennent riches en carbonates et silicates alcalins par leur exposition à l'air ; ce sont des silicates et carbonates de soude, sels dont l'alcali, en se combinant avec la sécrétion de la peau, produit cette onctuosité si douce et si utile, à mon avis, pour corriger en quelque sorte, l'action irritante des eaux sulfureuses.

IX. — Ces eaux sont très-riches en silice.

X. Elles contiennent des silicates et carbonates de soude en grande quantité.

XI. — Elles contiennent une substance organique azotée (la barégine) ;

XII. — Et une substance azotée organisée (la sulfuraire.)

Cette dernière substance, véritable conferve, a été découverte dans les eaux sulfureuses de Luchon par M. Fontan, qui lui a donné le nom de sulfuraire.

Cette substance, de couleur blanche, très onctueuse au toucher, contribue, par son mélange avec l'alcali

des eaux, à leur donner cette onctuosité si douce et si
recherchée des baigneurs.

Elle existe en assez grande quantité dans les eaux
de Luchon.

La source Blanche en contient une grande quantité.

La source Richard nouvelle en contient beaucoup; et
toutes les autres sources de Luchon, même la Grotte
supérieure, en présentent une assez grande quantité,
quand elles se refroidissent, soit en se mêlant à l'eau
froide, soit en séjournant à l'air. Les sources sulfureuses trop chaudes, ou celles dont la température est
trop basse n'en contiennent jamais. Les eaux qui en
contiennent le plus, sont celles dont la température se
trouve entre + 10° et + 40° centigrades; au-dessous de
+ 7° centigr. et au-dessus de + 45° centigr., cette substance ne peut pas vivre.

Nous ne saurions mieux faire que de renvoyer le
lecteur, désireux d'approfondir ce point de cryptogamie
hydro-thermale, au remarquable ouvrage de M. Fontan (*Recherches sur les Eaux minérales des Pyrénées*, pag.
87, 114, 298, 299, 300, 426, 457, 460).

Les eaux de Luchon sont riches en principes sulfu-
fureux. D'après M. Fontan, elles seraient les plus sulfureuses des eaux des Pyrénées. Leur degré de sulfuration s'élèverait, d'après ce dernier auteur, de
0,0017 à 0,0808 de sulfure de sodium.

Composition chimique des Eaux sulfurées sodiques de Luchon.

Comme toutes les eaux sulfureuses, les eaux de Luchon sont minéralisées par le sulfure de sodium, qui

forme le principe le plus actif des eaux sulfurées sodiques en général ; elles contiennent :

1° Du sulfure de sodium en très-grande quantité ;

2° Du sulfate de soude ;

3° Des traces d'acide sulfhydrique ;

4° Des traces de sulfites et d'hyposulfites de soude ;

5° Du chlorure de sodium, en quantité parfois assez considérable ;

6° De la silice, en quantité toujours assez grande ;

7° Du silicate et du carbonate de soude en grande quantité ;

8° Du carbonate de chaux en petite quantité ;

9° Des traces de carbonate de magnésie ;

10° Des traces de fer,

— de manganèse,

— de potasse,

— d'alumine ;

11° Une matière azotée organique : la barégine ;

12° Une matière azotée organisée : la sulfuraire ;

13° Du gaz azote ;

14° Du gaz oxygène.

Les eaux de Luchon se partagent en deux grandes catégories, suivant la manière dont elles sont influencées et l'aspect qu'elles prennent par leur exposition à l'air libre.

Les unes, telles que les sources alimentaires Bordeu, Bosquet, Etigny, la Grotte inférieure et supérieure, perdent à peine leur transparence ou prennent une teinte légèrement jaune verdâtre ; les autres, telles que les sources alimentaires Ferras, la Blanche, les Richard inférieure et supérieure, deviennent d'un blanc de lait et opaques comme ce liquide.

Ferras, la Blanche et Richard supérieure offrent

la transformation lactescente au plus haut point.

Les bains d'eau blanche, véritable émulsion de soufre, qu'on prendrait pour un lait virginal, sont très-recherchés des baigneurs.

Ce phénomène du blanchîment des eaux de Luchon tient à ce que, sous l'influence de l'air, il se forme un polysulfure qui donne aux eaux une teinte jaune ; elles finissent par devenir louches et laiteuses par la précipitation du soufre.

Tant que les sources chaudes conservent de leur chaleur propre, l'altération du principe sulfuré se fait dans de petites proportions ; mais du moment où elles entrent en équilibre avec la température du milieu ambiant, elles éprouvent le maximum d'altération.

Les eaux mélangées d'eau froide s'altèrent beaucoup plus vite que celles qui restent sans mélange.

Aussi est-on dans l'habitude à Luchon d'unir les eaux Ferras nouvelle et de la Blanche avec un filet de la source froide, afin d'obtenir plus rapidement leur décomposition.

« Ces résultats, dit M. Lambron, ne sont pas sans utilité vis-à-vis certains tempéraments difficiles à remuer, ou de certaines affections rebelles ; car ces bains sont d'autant plus actifs, que les eaux avec lesquelles ils sont composés sont plus facilement et plus rapidement altérables. »

Les eaux sulfurées sodiques dégénérées ont une action hyposthénisante beaucoup plus prononcée sur le système circulatoire ; en prenant ces eaux sédatives on a donc l'action spécifique du soufre sans son action excitante : avantages précieux pour certains cas morbides et pour les tempéraments trop facilement irritables.

A Luchon, dit M. Fontan, où il est plus difficile de calmer l'excitation produite par les eaux sulfureuses que de la déterminer, quoique nos eaux ne contiennent que la dixième partie environ du principe sulfuré des eaux artificielles, il est utile de laisser les eaux se décomposer, parce qu'alors on aura une action plus douce.

Aussi sommes-nous forcé, ajoute cet auteur si compétent dans la question, de donner souvent pendant la baignée, des bains émollients de 26 à 27° R. et prolongés d'une à deux heures et plus, pour calmer cette excitation. Ces bains dont j'ai adopté l'usage à Luchon me rendent de grands services ; ils permettent aux malades de continuer une baignée qu'ils seraient obligés d'interrompre, au grand détriment de leur santé, et adoucissent les crises qui pourraient devenir trop violentes.

Il n'est pas vrai de dire que les bains émollients dérangent en quoi que ce soit l'action des eaux sulfureuses.

Pour nous résumer, nous dirons qu'il y a à Luchon :

1° Des sources qui s'altèrent plus lentement que d'autres, c'est-à-dire qui conservent leur principe sulfureux à l'état de sulfure ou de polysulfure.

Ces sources sont les plus excitantes. Ainsi, la Grotte supérieure et inférieure.

2° D'autres voient leur sulfure rapidement décomposé, développer de l'hydrogène sulfuré en quantité.

Ces dernières ont une action relativement sédative :

Ferras, Bosquet et Bordeu.

3° D'autres enfin, qui deviennent laiteuses. Ce sont les plus douces :

La Blanche, les sources du sud.

On peut donc diviser les eaux de Luchon en deux grandes catégories :

1° SOURCES DOUCES.

Blanche. — Source douce avec du soufre en suspension.

Bosquet. — Source douce à sulfuration légère.

Bordeu. — Source douce à sulfuration forte.

Etigny. — Source douce à sulfuration moyenne.

Ferras. — Source douce à sulfuration légère.

2° SOURCES EXCITANTES.

Reine. — Source très-excitante quoique à sulfuration moyenne.

Grotte supérieure...) Sources très-excitantes à sulfu-
Grotte inférieure....) ration forte.

Richard supérieure...) Sources moins excitantes que
Richard inférieure...) Reine et Grotte, quoique à sulfuration forte.

On voit donc, par ce qui précède, qu'on peut administrer à Luchon :

1° Des eaux douces et sédatives ;

2° Des eaux très-excitantes ;

3° Des eaux douces et légèrement sulfurées ;

4° Des eaux fortement sulfurées sans être excitantes et dont quelques unes sont sédatives ;

5° Des eaux excitantes et très-sulfureuses ;

6° Des eaux très-excitantes sans être très-chargées de soufre.

Le médecin peut encore opérer le mélange de plusieurs sources et faire varier ainsi la composition du bain dans des limites très-étendues.

Action physiologique des Eaux sulfureuses de Luchon.

Lés eaux sulfureuses de Luchon, administrées en bains ou en boissons, produisent une excitation générale qui se traduit : par un appareil fébrile plus ou moins intense, une chaleur générale par tout le corps accompagnée quelquefois d'une démangeaison très-forte ; une lassitude dans tous les membres et brisure générale ; une agitation nerveuse qui se manifeste plus particulièrement le soir et pendant la nuit ; un sommeil agité, des rêves pénibles, et, du côté des organes génitaux, un éréthisme des plus violents. Les désirs vénériens sont en effet plus énergiques et plus impérieux qu'en temps ordinaire.

Outre cette excitation générale, ces eaux font également sentir leurs effets stimulants sur toutes les muqueuses, sur l'enveloppe tégumentaire, et sur certains organes tels que les reins, les organes génito-urinaires etc., en déterminant une suractivité plus grande de toutes ces fonctions, et une surexcitation de toutes les muqueuses en général.

Ce pouvoir de stimulation qui appartient à l'ensemble de tous les éléments qui entrent dans la composition des eaux et à leur thermalité, peut être augmenté ou diminué à volonté, suivant le mode d'administration qu'on emploie, au point de produire, depuis la stimulation la plus faible jusqu'au mode perturbateur le plus intense.

L'excitation hydro-sulfureuse, qui est l'apanage le plus manifeste et le plus exclusif des eaux sulfurées sodiques, est une, toujours semblable à elle-même, toujours identique dans ses manifestations physiologiques; elle se produit chez tous les sujets chez qui elle développe cet accroissement de la vie générale, cette augmentation de la vie radicale que Bordeu a si heureusement qualifié de remontement.

On sent en effet, à quelques jours de leur usage, la circulation devenir plus active, le cœur battre plus vite et le pouls s'élever en force et en fréquence : le visage s'anime et se colore ; une chaleur inaccoutumée qu'accompagnent assez souvent des démangeaisons à la peau, s'empare de tout votre être ; les centres nerveux s'ébranlent, la sensibilité s'exalte, le sommeil est plus agité. Mais en même temps que la vie musculaire augmente de force et d'énergie, et que dans tout l'organisme s'éveille en quelque sorte une réaction fébrile, fièvre éphémère, que l'on désigne sous le nom de fièvre, de poussée thermale, les organes sécréteurs de l'économie ne restent pas étrangers à ce mouvement si marqué d'excitation générale, et prennent leur part de cette suractivité fonctionnelle qui envahit à la fois tous les appareils de la vie.

Le système tégumentaire interne et externe, ces deux vastes émonctoires doucement stimulés par elles, devient le centre des mouvements fluxionnaires les plus prononcés et les plus variés : la peau se couvre de sueur, elle devient souple, moelleuse; elle est constamment lubréfiée d'une perspiration insensible; les reins sécrétent une urine plus abondante, sédimenteuse, et le foie, réagissant sur l'estomac par les nombreuses sympathies qui se rattachent à cet organe, stimule ses fonctions assimilatrices, provoque un appétit plus vif, des besoins impérieux; tandis que la diarrhée, les coliques ou de la constipation, accusent tour à tour, dans les voies digestives, le trouble accidentel et momentané de la puissance de l'agrégat minéralisateur.

Les eaux sulfureuses dégénérées, qui sont en assez grand nombre à Luchon, étant moins sulfureuses que les eaux sulfurées sodiques fixes (à peine si quelques-unes d'entre elles contiennent encore sur les lieux d'emploi, des traces de sulfure de sodium), sont plus douces, plus sédatives, et jouissent par conséquent d'une action hyposthénisante plus prononcée sur le système circulatoire; en second lieu, ces eaux sulfurées sodiques dégénérées sont d'une digestion plus facile.

De ce qui précède on peut tirer la conclusion suivante :

1° Que l'excitation est la loi générale qui domine et régit le mode d'action physiologique des eaux sulfureuses de Luchon;

2° Que les eaux sulfurées sodiques non altérées, sont plus excitantes;

3° Que les eaux sulfureuses dégénérées plus douces sont sédatives et hyposthénisantes;

4° Que cependant l'excitation n'est pas leur seul mode d'action ;

5° Qu'elles possèdent en outre de cette excitation générale commune,

A. Une action spéciale, dont il sera facile de se rendre compte,

B. Une action spécifique, inconnue dans son essence.

Action thérapeutique des Eaux sulfureuses de Luchon.

> Si l'on a pu dire avec raison, qu'a-
> près l'impuissance des médicaments, le
> fer et le feu guérissaient beaucoup de
> malades; l'on peut affirmer avec au-
> tant de vérité que là où le fer et le feu
> allaient être employés, et quelquefois
> après leur usage, les eaux minérales
> ont eu du succès. **Fontan.**

Résoudre le problème de l'action thérapeutique des eaux sulfureuses, formuler des règles précises, absolues de leur application, n'est pas, dans l'état actuel de nos connaissances, chose facile.

Il est très-difficile, ou pour ainsi dire impossible, a dit le docteur Fontan, de connaître la manière intime dont les eaux minérales agissent.

Ces eaux, ainsi que tous les moyens héroïques ou spécifiques, comme le quinquina, le mercure, l'opium, etc., semblent se soustraire à toute espèce d'examen dans leur action intime; nous ne savons pas plus pourquoi telle ou telle eau guérit telle ou telle maladie, que nous ne savons pourquoi le quinquina guérit la fièvre intermittente, le mercure la syphilis et pourquoi l'opium fait dormir.

L'étude de l'action thérapeutique des eaux sulfureuses constitue un des problèmes les plus compliqués.

Quoique l'entreprise soit périlleuse, presque impossible même, je vais tâcher cependant de développer certains principes, de la connaissance desquels ressor-

tiront, pour le médecin et pour le malade, quelques-
unes des règles qui président à l'emploi de ces eaux.

Si l'on cherche à s'expliquer le mode d'action des
eaux minérales sulfureuses, on éprouve quelques difficultés, qui diminuent cependant, quand on sépare,
dans cette étude si compliquée, ce qui revient :

1. A la minéralisation ou agrégat minéral ;

2. A la thermalité ;

3. Au mode balnéaire.

Les eaux sulfureuses, corps composé, mais simple
agent thérapeutique, tout indivisible qu'on ne peut sé-
parer même par la pensée, constituent, dans la classe
des médicaments, une préparation tout exceptionnelle,
dont les divers agents, a dit Patissier, agissent mêlés,
combinés, tels que la nature les a réunis, et de leur
action doit nécessairement résulter une action médica-
trice différente de celle que chacun possède dans son
état distinct et isolé.

Médication tour à tour excitante et sédative, tonique
et reconstitutive, irritante et révulsive, altérante et dé-
purative, fondante et résolutive, l'action des eaux sulfureuses est, comme on peut déjà s'en rendre compte,
très-souvent complexe.

Examinons d'abord la part qui revient à la minéralisation proprement dite, en un mot, l'action générale
commune à toutes les eaux sulfureuses, abstraction
faite des autres questions, qui se rattachent aux divers
modes d'action.

1. Les eaux sulfureuses, administrées en boisson ou
en bain, déterminent une excitation générale. — Par
leurs effets excitants, elles activent la circulation ar-
térielle et principalement la circulation capillaire, au
moyen de laquelle s'opèrent la nutrition, l'absorption

et les sécrétions ; tous actes physiologiques, sous l'influence desquels l'organisme tout entier se reconstitue, ainsi que le sang qui, ayant acquis une plus grande vitalité, devient essentiellement réparateur.

« Si le médecin, dit le professeur Trousseau, monte l'organisme à l'aide des excitants, au ton nécessaire pour qu'il réponde partout à l'impression des sucs digestifs, nous verrons alors la trame osseuse assimiler les sels calcaires ; les muscles s'emparer de la fibrine, et les émonctoires divers livrer passage à tout ce qui ne peut servir à la nutrition ; mais il était besoin, pour que ce phénomène s'accomplît, il était besoin, disons-nous, d'une excitation plus vive, d'une véritable fièvre. »

Ainsi donc, par l'action qu'elles exercent sur le sang, la circulation capillaire et la nutrition, les eaux de Luchon, essentiellement excitantes, sont toniques et reconstituantes.

II. Par l'action stimulante que ces eaux exercent sur les muqueuses gastro-intestinales et sur la peau, ces eaux sont un puissant agent de la médication révulsive.

III. Par leur action stimulante sur l'enveloppe tégumentaire, sur les muqueuses des organes génito-urinaires et celles des voies respiratoires, elles participent de la médication substitutive.

IV. Par leur action sur les reins, organes essentiellement dépurateurs dont elles augmentent l'activité fonctionnelle, tout en éliminant par la voie des urines certains matériaux impropres à la nutrition, et favorisant même, dans certains cas, le rejet de quantités plus ou moins grandes de graviers d'acide urique, elles

peuvent être considérées comme diurétiques et dé-
puratives.

V. Par leur action sur l'appareil cutané, dont elles
augmentent toutes les sécrétions et toutes les fonctions,
principalement la transpiration, elles peuvent être
également considérées comme sudorifiques.

VI. En activant la circulation capillaire, sous l'influence de laquelle s'opèrent plus particulièrement
l'absorption des matériaux nutritifs et autres, elles
peuvent être considérées comme résolutives.

*En outre de cette action générale commune, ai-je déjà
dit, les eaux de Luchon possèdent une action spéciale
qu'elles empruntent à leur plus ou moins grande température et aux différents modes d'administration.*

En général les eaux les plus chaudes, provoquent
une excitation plus ou moins grande.

Les eaux les moins chaudes produisent un effet contraire.

Ainsi les eaux à haute température sont excitantes.

Les eaux à basse température sont tempérantes, sédatives, hyposthénisantes. Ces dernières réussissent à
merveille pour combattre les affections nerveuses.

Les eaux les plus efficaces, sont celles qui offrent une
température constante et permanente.

Les eaux sulfureuses naturelles, quoique contenant
beaucoup moins de principes actifs, sont plus énergiques que les eaux sulfureuses accidentelles, qui en
contiennent beaucoup plus.

Parmi les eaux sulfurées sodiques, les sources les
plus riches en sulfure de sodium sont en général les
plus excitantes; mais, suivant le degré de chaleur au-

quel on les administre, on peut diminuer de beaucoup leur action excitante.

Je me chargerai, dit le docteur Fontan, de calmer la susceptibilité nerveuse d'une petite maitresse avec un bain d'eau de la Grotte de Bagnères-de-Luchon, et d'exciter un Hercule avec la source de la Preste, ou celle du pré à Cauterets, à la température de 44° à 47° centig. C'est que le soufre n'est pas le seul agent de l'excitation ; le calorique, comme on le sait, joue aussi un très-grand rôle.

Ainsi, à égalité de sulfuration, l'eau la plus froide se montre sédative.

On voit donc, par ce simple aperçu, que les différences de température exercent, sur les effets thérapeutiques des eaux sulfureuses, une influence des plus marquées.

Le mode d'administration de ces eaux exerce aussi une très-grande influence sur les effets qu'elles produisent.

Astrié a dit que, sans l'influence curative adjuvante de la thermalité, il faudrait renoncer à appliquer la médication minérale à une multitude de maladies. Comment traiter, en effet, les névropathies en général, sans l'influence sédative du froid ou du calorique temperé ; les rhumatismes, les bronchites, sans l'élément chaleur, etc. Il faut s'empresser de reconnaître que l'hydrothérapie balnéaire prête un concours précieux à la médication minérale, dans toutes les maladies qui peuvent trouver leur solution dans des actes d'excitation fonctionnelle et d'élimination humorale (affections nerveuses, rhumatismes, congestions sanguines, acccidents locaux, etc.) ; mais l'efficacité de ce concours diminue, ajoute Astrié, à mesure que la maladie est diathésique, et guérit le plus souvent sans crises apparentes (dartres, scrofules, syphilis, etc).

Ainsi quand on ne recherchera que l'action spécifique altérante des eaux sulfureuses, elles devront être données en bains, mais principalement en boissons, parce que les principes minéralisateurs de l'eau prise en boisson seront absorbés avec plus de rapidité que dans le bain.

Les eaux de Luchon jouissent, en outre, d'une action spécifique qui leur est propre, et qui procède évidemment de leur composition intime.

Ainsi elles jouissent de propriétés spécifiques dans le traitement de certaines diathèses, telles que les scrofules, le lymphatisme, les affections dartreuses, la syphilis, les maladies de peau; et dans certaines cachexies, les cachexies saturnines et mercurielles, dont l'action de ces eaux, pour ces dernières affections, est de prévenir les effets fâcheux produits par ces métaux, et d'en débarrasser l'économie.

Contre-indications des Eaux sulfureuses de Luchon.

Les eaux sulfureuses de Luchon, qui sont très-excitantes, ne sauraient être indiquées chez les personnes atteintes de maladies du cœur et des gros vaisseaux ou sujettes aux congestions vers le cerveau, et même aux congestions actives locales ou générales, par cette seule raison que ces eaux déterminant une excitation générale très-grande parfois, l'appareil circulatoire serait le premier qui en éprouverait les effets souvent très-pernicieux.

Elles seront également contre-indiquées dans certaines affections avec dégénérescence des tissus, telles que les tumeurs squirreuses, le cancer, etc.; dans la phthisie tuberculeuse en suppuration, la fièvre hectique, les diarrhées colliquatives, etc. Toutes ces affections s'aggraveraient incontestablement par l'usage des eaux sulfureuses. Destinées, avant tout, au traitement des maladies chroniques, elles ne peuvent convenir dans les affections à marche aiguë, dans les états inflammatoires, en un mot dans la fièvre. Ces eaux ne sauraient également convenir aux personnes sanguines ou seulement trop impressionnables.

Le simple aperçu que je viens de présenter sur les contre-indications des eaux sulfureuses de Luchon, sujet très-important, serait plus qu'insuffisant, si je devais me borner à ces quelques considérations. Chemin faisant, en traitant des maladies qui réclament plus spécialement l'emploi des eaux sulfureuses de Luchon, j'exposerai, dans tous ses détails, certaines questions qui ne pourraient trouver place ici, à moins de s'exposer à des redites inutiles.

Indications générales des Eaux sulfurées sodiques de Luchon.

Il est avant tout un principe essentiel à observer, qui domine toute la thérapeutique hydro-thermale sans laquelle la médication minérale ne pourrait avoir que des effets désastreux; c'est que toute lésion fonctionnelle ou organique ne soit combattue, par les eaux sulfureuses principalement, que tout autant que les symptômes aigus auront disparu, et que la maladie aura revêtu la forme franchement chronique.

Au point de vue de leur action thérapeutique, les sources de Luchon ont été divisées, par M. le docteur Lambron, en sources fortes, moyennes et douces. Cette classification, d'une utilité incontestable pour une étude d'ensemble, serait insuffisante pour l'adapter à tous les cas morbides qui réclament l'usage des eaux sulfureuses de Luchon.

Aussi est-il de toute nécessité, sans cependant négliger cette classification qui, dans maintes occasions, pourra nous être d'un grand secours, de recourir au classement de ces eaux, basé sur leurs propriétés chimiques.

A ce second point de vue, les eaux de Luchon peuvent se partager en deux grandes catégories :

1º Les sulfurées sodiques fixes.

2º Les sulfurées dégénérées.

I. — Eaux sulfurées sodiques fixes.

Ces sources sont l'expression la plus élevée de la médication excitante sulfureuse.

Aussi les eaux de cette classe, la Reine, la Grotte supérieure et inférieure, l'Enceinte, le Pré nº 1, doivent-elles être employées avec beaucoup de circonspection, même dans les cas qui paraissent le mieux appropriés à cette médication.

Les tempéraments lymphatiques à fibres molles, à réaction organique faible et languissante, se trouveront bien de l'emploi de ces eaux, qui conviendront également toutes les fois qu'il s'agira de combattre certaines maladies chroniques invétérées, certaines affections locales et rebelles qui font, pour ainsi dire, partie essentielle de l'organisme.

Les enfants, même ceux qui sont très-délicats, supportent très-bien cette médication; seulement elle demande à être attentivement surveillée, afin d'éviter une excitation trop forte. Il sera prudent, dans ce cas, de ne pas trop prolonger cette médication, et même d'employer concurremment les affusions ou les douches froides. Ils retireront de cette médication combinée des effets reconstitutifs remarquables.

D'autres sources, moins sulfureuses et moins chaudes, et par conséquent moins excitantes, Bordeu, Bosquet, s'adressent, d'une manière plus spéciale, aux organismes facilement irritables; aux personnes nerveuses et impressionnables; aux rhumatismes nerveux; elles s'appliquent surtout aux maladies dartreuses qui pourraient se raviver sous l'influence d'une médication trop franchement excitante.

II. — *Eaux sulfureuses dégénérées.*

Les eaux de cette classe ont éprouvé de notables modifications dans leur composition chimique : leur principe sulfureux est en grande partie décomposé ; c'est à peine si quelques-unes d'entre elles contiennent encore, sur leurs lieux d'emploi, des traces de sulfure de sodium.

Ces eaux sont sédatives, tempérantes et hyposthénisantes ; aussi conviennent-elles aux tempéraments nerveux et irritables, aux tempéraments sanguins, pour lesquels on a à craindre des congestions vers les organes importants : le cerveau et les poumons.

Elles conviennent également dans certaines maladies de la peau à forme sub-inflammatoire ; dans les maladies nerveuses sthéniques; dans certaines névralgies;

dans les affections catarrhales des voies digestives et des organes génito-urinaires, etc.; enfin, elles calment souvent l'excitation produite par les eaux sulfurées sodiques proprement dites.

Pour nous résumer sur cette question, nous dirons : que les eaux sulfureuses qui ne sont pas altérables, seront plus efficaces dans le traitement des affections externes purement locales, comme certaines plaies, les blessures anciennes, les fistules, etc. Tandis que les eaux qui sont altérables, seront au contraire plus efficaces dans le traitement des maladies qui, quoique externes en apparence, reconnaissent une cause interne, comme certaines maladies diathésiques, certaines maladies de peau, etc.; les premières ne réclament que l'action externe du soufre; les secondes, réclament au contraire l'emploi de beaucoup de soufre à l'intérieur.

Les eaux de Luchon sont des plus efficaces dans le traitement de ces dernières; aussi jouissent-elles d'une véritable spécificité dans le traitement des affections cutanées qui, bien qu'externes en apparence, se lient à un vice humoral. Elles s'adressent également à toutes les diathèses qui réclament et qui ne cèdent qu'à l'emploi de beaucoup de soufre et de beaucoup de chaleur, conditions qui se trouvent réunies dans les eaux de Luchon.

Les principales maladies qu'on traite à Luchon, sont :

1° Les diathèses rhumatismales,
— herpétiques,
— syphilitiques,
— scrofuleuses,
— lymphatiques.

2° En dehors de ces états constitutionnels ou diathésiques, les eaux de Luchon jouissent d'une spécialité des plus remarquables

Dans le traitement des maladies de la peau ;

Dans le traitement de la blennorrhée ;

Dans les cachexies mercurielles et saturnines.

3° Les autres maladies qu'on envoie à Luchon, et qui réclament l'emploi des eaux sulfurées sodiques, pourraient trouver, dans d'autres stations de la même classe, un traitement aussi efficace ; mais toutes les fois, cependant, que les autres maladies que nous allons énumérer se trouveront liées à l'une des diathèses ou états constitutionnels que j'ai indiqués, il y aura plus d'avantages à les adresser à ces eaux, qui jouissent de deux propriétés incontestables, puisqu'elles agissent sur la maladie et sur la nature même de la maladie, en un mot, sur l'effet et la cause.

Voici un résumé des maladies qu'on peut encore adresser aux eaux de Luchon :

Certaines affections des voies respiratoires : bronchites catarrhales, laryngites chroniques, phthisie au premier et au deuxième degré, etc.

Les eaux de Luchon sont, en effet, excellentes dans certaines affections de poitrine et du larynx, notamment dans les bronchites et laryngites granulées, les anciennes pneumonies et pleurésies ; elles peuvent encore convenir dans certaines phthisies commençantes au premier degré, mais je les crois trop excitantes pour les recommander dans la phthisie au deuxième degré. Elles conviennent également aux maladies des femmes : la métrite chronique (engorgement de l'utérus, ulcérations simples ou granuleuses du col de la matrice), la dysménorrhée, l'aménorrhée, la leucorrhée, la chlorose, l'hystérie, la stérilité, etc.

Elles sont indiquées dans certaines affections des organes génito-urinaires, écoulements anciens et rebelles, engorgement de la prostate, cystites, néphrites chroniques, pertes séminales involontaires, etc.

Elles sont très-efficaces dans certaines maladies nerveuses, catarrhales ou sub-inflammatoires tenues, pour la plupart, sous la dépendance d'une des grandes diathèses : dartres, scrofules, rhumatismes, etc.; dans certains épuisements nerveux de l'organisme : cachexies de toute sorte, débilités partielles ou générales, appauvrissements du sang, etc. Elles s'adressent aussi à l'enfance faible et délicate.

Enfin, certaines affections chirurgicales : les vieilles blessures, les plaies, les ulcères, les fractures anciennes, les entorses, les luxations, les tumeurs blanches, etc., retirent de grands avantages de l'emploi des eaux sulfureuses de Luchon.

Indications spéciales des Eaux sulfureuses de Luchon.

Les sources sulfureuses de Luchon, très-nombreuses et très-variées, présentent une échelle thermale sulfureuse, véritable gamme chromatique, qui place ces sources au premier rang des stations les plus renommées ; car, au milieu d'elles, on peut suivre, pas à pas, la marche constamment progressive de leurs effets sur l'organisme, depuis la stimulation la plus faible, jusqu'au mode perturbateur le plus intense ; ce qui les rend applicables au traitement d'un grand nombre d'états morbides qui, ainsi que nous venons de le voir, y sont traités avec succès.

Il ne faut pas oublier, cependant, que chaque source a une action spéciale ou spécifique qui lui est propre et qui convient plus particulièrement au traitement de certaines maladies.

Ce sont ces vertus thérapeutiques que nous allons nous efforcer de mettre en lumière, en marchant sur les traces de nos devanciers et en leur faisant de fréquents emprunts.

Les docteurs Lambron, Fontan et Pégot, médecins distingués de Luchon, m'ont rendu cette tâche facile, par les détails dans lesquels ils sont entrés, concernant l'action thérapeutique des eaux sulfureuses de Luchon.

On ne saurait trop louer, en effet, la partie médicale du magnifique livre du docteur Lambron (*Les Pyrénées et les Eaux thermales sulfurées de Bagnères-de-Luchon*), ainsi que l'ouvrage du docteur Fontan (*Recherches sur les Eaux minérales des Pyrénées*), qui révèle, à côté de l'écrivain distingué, le praticien expérimenté, et qui contient surtout de très-intéressantes considérations générales sur le traitement, par les eaux de Luchon, des diathèses herpétiques, rhumatismales, de la scrofule, du lymphisme et de la syphilis.

Ayant passé en revue, dans le chapitre précédent, les principales maladies que l'on traite à Luchon, il nous reste, avant d'entrer dans les développements assez étendus que comporte ce paragraphe, à jeter un coup-d'œil rapide sur les effets variés que présentent les sources de Luchon, au point de vue de l'action spéciale ou spécifique, qui est propre à chacune d'elles, dans telle ou telle affection morbide.

Car, dit le docteur Lambron, outre l'action qu'elles ont toutes, comme membres d'une même famille, action qui tient au principe minéral qui les caractérise, le mono-sulfure de sodium, elles présentent des aptitudes toutes spéciales pour combattre certaines affections, et cette action spécifique en fait autant d'individualités distinctes.

Ainsi, les sources Richard, Bosquet et Bordeu, en raison, sans doute, de leur richesse en soufre, conviennent plus spécialement aux scrofules et au lymphatisme.

Les sources la Blanche, la Reine et Ferras sont plus particulièrement employées dans les maladies dartreuses.

Les sources Richard, d'Etigny et Ferras conviennent plus spécialement pour combattre le rhumatisme.

Les sources Bordeu et la Grotte sont très-efficaces dans les affections tuberculeuses des os.

Les sources du Sud, la Blanche, Bosquet, Bordeu et d'Etigny sont seules appliquées au traitement des maladies des femmes.

L'Enceinte en boisson, Ferras et Richard en bains, paraissent plus particulièrement convenir dans le traitement de la blennorrhée.

Les sources qui sont les moins fixes, qui s'altèrent le plus : la Blanche, Bordeu et d'Etigny, conviennent aux maladies de peau de forme eczémateuse ; en un mot, aux affections cutanées humides, comme étant les plus alcalines. Et l'on sait que les eaux sulfureuses dégénérées sont plus alcalines que les eaux sulfureuses non altérées.

Les eaux sulfureuses fixes et actives, Reine et Grotte, conviennent plus spécialement dans les affections cutanées sèches.

Les buvettes, alimentées par les sources Ferras, sont très-efficaces dans les gastralgies ; ce sont également les plus faciles à digérer et les plus douces. Aussi débute-t-on, en général, par elles, quand on commence un traitement.

Les buvettes du Pré n° 1 et n° 2 jouissent d'une réputation bien méritée pour le traitement des scrofules et du lymphisme, et surtout dans les maladies des voies respiratoires, pour lesquelles elles ont une action toute spéciale.

Ainsi qu'on peut s'en rendre compte, par ce simple aperçu, Luchon, par le nombre et la variété de ses sources, semble résumer toutes les eaux minérales des Pyrénées. Par la graduation de leur force, leurs différents degrés de thermalité et de minéralisation, les eaux sulfureuses de Luchon paraissent devoir répondre à tous les besoins de la thérapeutique.

En cherchant à établir les différences si importantes, qui caractérisent toutes ces sources, nous avons eu pour principal but d'en faciliter l'étude à certains de nos confrères, convaincu que cette distinction, à laquelle peut-être on n'apporte pas une assez grande attention, est de la plus haute importance dans l'administration de ces eaux, et qu'elle mérite, de la part du médecin, toute sa sollicitude et ses plus constantes préoccupations.

Ces principes une fois posés, les indications générales nous étant déjà connues, qu'ils nous servent de guide, dans l'application de ces sources aux différents états morbides que nous allons étudier, chacun en particulier.

Scrofules. — Lymphatisme.

La première question qui se présente, est la suivante :

Qu'est-ce que la maladie scrofuleuse ? En lisant les auteurs, tant anciens que modernes, qui ont écrit sur cette maladie, on se trouve enveloppé d'hypothèses si contradictoires, qu'il m'a paru plus logique, et en même temps plus pratique, de m'en tenir à une définition qui ne préjuge rien sur la nature intime de cette affection.

Pour nous, les scrofules sont une maladie, ou plutôt un état morbide caractérisé par une série de localisations qui ont lieu de préférence à la peau, dans le tissu cellulaire sous-cutané, dans les organes des sens (les yeux et les oreilles surtout), dans les ganglions lymphatiques et les articulations des os.

Cette affection, essentiellement diathésique, frappe tous nos tissus, vicie nos humeurs, altère les actes organiques les plus importants, les plus nécessaires à la vie.

Quoiqu'il n'y ait pas, à proprement parler, de médicament spécifique contre les scrofules, on n'est pas, pour cela, complètement désarmé contre cette terrible maladie ; car non-seulement on peut combattre avec avantage certaines manifestations de la scrofule, pendant leur période d'activité et de développement, mais encore on peut la prévenir. Pour arriver à ce résultat la médecine dispose de deux ordres de moyens : moyens hygiéniques et agents médicamenteux spéciaux. La médication thermale emprunte ses ressources à ces deux sortes de modificateurs.

On peut établir en principe, que les scrofules, au point de la diathèse, indiquent toujours les eaux minérales, qui peuvent être considérées comme la médication par excellence spécifique contre cette diathèse.

Aux eaux chlorurées sodiques et aux eaux mères des salines appartient plus spécialement le traitement de la diathèse scrofuleuse ; aux eaux sulfurées sodiques, s'adressent plus particulièrement toutes les manifestations si variées de cette affection diathésique, ainsi que certains états pathologiques, qui se lient étroitement à la diathèse scrofuleuse, tels que, entérite, bronchite, engorgement utérin, leucorrhée, etc.

Malgré l'opinion du docteur Durand-Fardel, qui n'attribue aux eaux sulfureuses qu'une efficacité très-secondaire et encore dans certains cas, je me vois forcé de reconnaître à ces eaux, et en particulier aux eaux sulfurées sodiques, une action assez efficace dans le traitement des scrofules. Les quelques observations que j'ai pu prendre sur les lieux mêmes, à Barèges, Saint-Sauveur, Cauterets et Bagnères-de-Luchon, m'autorisent à dire que si les eaux sulfurées sodiques ne jouissent pas toujours du privilége de guérir cette terrible maladie, presque toujours, au moins, elles apportent une grande amélioration.

Les eaux de Bagnères-de-Luchon ont une action marquée, je dirai même spéciale, pour la guérison des affections scrofuleuses.

Elles réussissent très-bien, en effet, dans les dermatoses scrofuleuses, les blépharites et ophthalmies scrofuleuses, les ganglionites scrofuleuses, avec ou sans ulcérations, soit que les tumeurs aient le volume d'une noisette, ou celui du poing; les caries et nécroses des os. M. Fontan a vu des sequestres, qui étaient comme incrustés dans les chairs depuis un an, se détacher dans moins d'un mois.

Elles sont aussi très-efficaces à cicatriser les plaies et les ulcères ; à faire disparaître les engorgements périostiques et périarticulaires, et les engorgements intra-articulaires ; à sécher les suppurations de l'oreille moyenne (otorrhée) ; à faire disparaître l'ozène et les ulcérations du nez; à rendre aux os déformés, par le rachitisme et l'ostéomalacie, leur rectitude et leur consistance normales; à consolider les luxations qui manquent de solidité, par suite du relâchement des parties constituantes de l'articulation.

Les états scrofuleux ou lymphatiques simples trouvent également dans les eaux sulfurées des moyens propres à modifier une constitution simplement lymphatique, et même à prévenir le développement des scrofules, chez les personnes de tout âge, mais principalement chez les enfants et les jeunes gens.

Les scrofules étant une maladie pour laquelle il faut introduire dans l'économie le plus possible d'éléments minéraux, il sera de toute nécessité de faire absorber aux malades la plus grande quantité possible de principes mineraux. A cet effet, on donnera les eaux en boisson, qu'on ira prendre, en général, à la buvette du Pré numéro 1, depuis un ou deux verres par jour, jusqu'à 6 à 8 verrées dans les 24 heures.

Les eaux seront également administrées sous toutes les formes : Piscine, bains ordinaires, qu'on fera prendre de préférence dans les salles voûtées, afin que le malade puisse bénéficier de l'atmosphère chargée de principes sulfureux : condition très-favorable, qu'on devra rechercher toutes les fois qu'on désirera introduire dans l'économie le plus de principes soufrés.

Le mode balnéatoire qui offre le plus d'avantages aux scrofuleux, est sans contredit les bains prolongés de piscine ; les autres moyens balnéaires, injections, douches de toutes sortes, douches à piston, en arrosoir, etc., trouveront, comme moyen adjuvant, une heureuse application dans les différentes manifestations de cet état diathésique. Dans bien des cas même, le traitement local sera, de beaucoup, le plus important.

Comme traitement adjuvant, il sera urgent, dans certains cas au moins, d'administrer, concurremment avec les eaux sulfureuses, les anti-scrofuleux.

Ainsi, on édulcorera l'eau prise en boisson avec du sirop de raifort iodé, ou bien encore du sirop de quinquina.

Dans le courant de la journée, on pourra faire prendre aux malades de la tisane de houblon seule, ou coupée avec ces mêmes sirops, on donnera également l'iodure de potassium et les préparations martiales, ou mieux les eaux ferrugineuses qui abondent à Luchon.

Comme régime, on prescrira les viandes rôties et grillées de mouton est de bœuf, le vin de Bordeaux seul, ou coupé avec de la tisane de houblon.

Comme hygiène, on recommandera les promenades à pied et mieux les promenades à cheval, ainsi que les courses dans les montagnes.

Cette affection, d'une opiniâtreté déplorable, exige, une médication forte, puissante, longtemps continuée.

Les bains de mer constituent, avec les eaux sulfurées sodiques, la médication la plus usitée en France pour le traitement des scrofules et du lympatisme : c'est en effet un excellent modificateur à opposer à ces deux états constitutionnels.

Quand on jugera convenable de prendre les bains de mer, concurremment avec les eaux sulfureuses, il vaudra mieux, en général, finir par les bains de mer que commencer par eux.

Affections tuberculeuses, Phthisie pulmonaire.

C'est à l'époque de la seconde dentition, que la diathèse scrofuleuse va se perdre chez les uns, tandis qu'alors elle commence à se développer chez les autres dans ses formes les plus hideuses, et c'est communément l'époque de la puberté qui met un terme à la maladie. Elle se continue pourtant quelquefois jusqu'à l'âge viril, en reparaissant sous ses formes primitives ou en prenant la forme nouvelle et dangereuse de tubercules pulmonaires (1).

Certaines eaux sulfureuses ont une vertu élective, une spécificité d'action pour les organes de la respiration, telles que la source de la Raillère, à Cauterets, et celle de la Vieille, à Bonnes.

Luchon, dit le docteur Lambron, a également l'heureux privilége de posséder des eaux analogues. La source du Pré n° 1 est très-efficace dans les affections physiques des organes respiratoires. Cette source

(1) Dr WIESBADEN, *Kreuznach et ses sources minérales.*

ajoute l'auteur, n'a pas la prétention de détrôner les buvettes des Eaux-Bonnes et de la Raillère, elle ne se pose pas même en rivale, mais seulement en sœur ; elle tient à ce qu'il soit constaté qu'elle agit merveilleusement dans les affections des organes respiratoires, et, quoique l'une des sources les plus sulfurées des Pyrénées, qu'elle est peu excitante et supportée à bien plus hautes doses que l'eau de Bonnes.

Cependant toutes les formes de phthisies ne sont pas traitées avec les mêmes avantages aux eaux de Luchon; celles qui leur reviennent plus spécialement sont : les phthisies à marche lente, la phthisie scrofuleuse ou lymphatique, par exemple.

Il faut bien se garder d'envoyer à Luchon les phthisiques dont le tempérament est essentiellement nerveux, et la maladie facilement irritable.

Le traitement de la phthsie, aux eaux sulfureuses, consiste surtout dans l'usage des eaux en boisson, en inhalation. Les eaux prises en boisson sont souvent associées à des sirops, à des infusions pectorales ou bien encore coupées avec du lait. Le traitement interne doit toujours être conduit avec beaucoup de prudence, et la médication externe demeurer nulle ou presque nulle.

De toutes les maladies que l'on traite aux eaux sulfureuses, si les scrofules sont celles qui exigent la médication la plus active, la phthisie est celle qui réclame la médication la plus douce. Aussi est-il recommandé, d'une manière toute particulière, de commencer par de petites doses et de n'en atteindre jamais d'élevées. Beaucoup d'insuccès proviennent de ce que les malades, négligeant les sages conseils qui leur sont donnés, ne craignent pas de boire tous les jours, plusieurs verres par jour qui déterminent, par suite, des accidents graves et hâtent quelquefois la terminaison fatale.

Les eaux de la buvette du Pré n° 1 sont excellentes dans le catarrhe bronchique et laryngé, dans l'angine simple ou granuleuse, dans l'asthme humide.

Elles sont très-efficaces pour combattre certaines altérations pulmonaires (engorgements des poumons, et pleurésies chroniques).

Elles réussissent à merveille pour enrayer, d'une manière complète, cette disposition qu'on remarque chez certaines personnes sujettes à des bronchites qui reviennent tous les hivers.

J'en ai retiré, pour moi-même, de trop bons résultats, pour ne pas exalter à l'envie l'action bienfaisante de ces eaux.

Maladies de la peau. — Herpétisme.

L'herpétisme peut rester à l'état latent, ou se porter à la peau sous les différentes formes de maladies cutanées, ou sur les muqueuses, où il produit diverses affections chroniques.

Ainsi il peut se porter :

Dans le conduit auditif, où il détermine une inflammation de l'oreille moyenne et du tympan, ce qui, dans certains cas, entraîne la surdité;

Aux yeux, où il détermine ces blépharites chroniques, si ténaces parfois qu'elles résistent à tout traitement;

Dans les narines, où il produit l'ozène ; à la gorge, où il occasionne ces angines granuleuses si difficiles à guérir ;

Aux bronches, où il détermine ces catarrhes bronchiques si tenaces ; à l'estomac, où il produit des gastrites chroniques ; aux intestins, où il détermine parfois une constipation très-opiniâtre, et dans d'autres cas une diarrhée des plus rebelles ;

Au prépuce, où il entraîne cet herpès præputialis si difficile à faire disparaître ; dans le canal de l'urètre, où il produit des écoulements intarissables ;

À la vulve, où il occasionne un prurit si violent, que les femmes qui en sont atteintes sont portées à se gratter tellement fort, que des désirs vénériens des plus violents en sont la conséquence ;

Au col de l'utérus, où il produit des granulations, des ulcérations du col, et un écoulement des plus abondants ; au vagin, où il cause des leucorrhées des plus opiniâtres.

L'herpétisme est dû à un virus qu'on désigne sous le nom de principe herpétique, affection diathésique contre laquelle les eaux de Luchon jouissent d'une véritable spécificité ; elles conviennent, au même titre, pour le traitement de toutes sortes de lésions pouvant se rattacher à cette diathèse.

La peau est, sans contredit, l'organe sur lequel cette diathèse concentre ses manifestations les plus nombreuses et les plus variées.

Ou bien la peau malade sécrète un liquide particulier (maladies secrétantes, dartres humides), ou bien les productions morbides se montrent toujours à l'état solide (maladies non secrétantes, dartres sèches).

Les affections cutanées humides sont généralement
traitées avec avantage par les eaux de Luchon.

Ces eaux triomphent également des affections sèches
de la peau, quoique généralement ces dernières soient
plus rebelles que les secrétantes.

Les eaux sulfureuses sont, on peut le dire, le spécifique par excellence des maladies cutanées.

Lorsqu'il s'agit d'une maladie de peau considérée en
elle-même, sans être sous la dépendance d'une disposition ou d'une diathèse, l'usage exclusif des bains
se trouve suffisant; mais quand il existe une diathèse,
l'usage des eaux sulfureuses prises en boisson me paraît indispensable. Cependant, il faut le reconnaître,
l'usage des bains, et encore mieux des bains prolongés dans les piscines, est de beaucoup le plus important.

Les douches de toute sorte pourront être adressées,
avec beaucoup de succès, aux altérations cutanées
très-localisées.

Quand la maladie est superficielle et disséminée sur
de larges surfaces, on se trouvera bien de l'action des
étuves.

Enfin, dans quelques cas, il sera urgent de joindre
à l'usage des eaux sulfureuses l'emploi simultané soit
des sirops dépuratifs : sirop de gentiane, de saponaire
ou de pensée sauvage; soit des préparations arsénicales, en en surveillant bien l'action.

L'emploi des eaux sulfureuses, aussi efficaces qu'elles soient dans le traitement des maladies de la peau,
ne met pas toujours les malades à l'abri d'une récidive,
tant ces affections sont opiniâtres. Aussi faut-il parfois
faire plusieurs saisons aux eaux pour pouvoir s'en dé-

barrasser sinon d'une manière complète, mais au moins en éloigner le plus possible le retour. Bienheureux encore si on parvient à en débarrasser ceux qui en sont affectés.

Rhumatisme.

Le rhumatisme est une affection essentiellement diathésique, héréditaire ou acquise, qui peut exister à l'état latent, ou se porter, soit sur les membranes séreuses où il produit des arthrites, des hydartroses, des tumeurs blanches (rhumatisme articulaire); sur les muscles (rhumatisme musculaire); sur la peau, où il produit diverses affections cutanées (rhumatisme cutané); sur la colone vertébrale, où il détermine des paralysies et principalement des paraplégies, des névroses ou des névralgies (rhumatisme nerveux); sur certains viscères importants (rhumatisme viscéral), où il occasionne, du côté de l'estomac et des intestins, des gastralgies et des entérites chroniques; du côté de l'utérus et du vagin, où il produit des ulcérations du col de la matrice et des leucorrhées très-tenaces.

Il peut encore se porter sur les membranes internes du crâne et sur le cerveau lui-même et déterminer quelques variétés de folie.

A cette classification déjà si nombreuse, il faut ajouter le rhumatisme goutteux.

Les eaux sulfurées sodiques sont, parmi toutes les eaux minérales, celles qu'on peut regarder comme spécifiques dans le traitement du rhumatisme, en vertu de la propriété incontestable qu'elles possèdent d'agir d'une manière toute particulière sur la peau et d'en activer très-vivement les fonctions ; mais elles trouvent une application toute spéciale lorsque le rhumatisme se lie à l'un des trois états constitutionels suivants : scrofules, lymphisme ou dartres.

Le mode balnéatoire le plus efficace, dans le traitement du rhumatisme, sont les bains de piscine, principalement dans les rhumatismes anciens, et surtout dans les rhumatismes fixes invétérés, en général si opiniâtres.

Les autres moyens dont on fait usage, sont les bains, les douches et les étuves. La douche trouve surtout à s'appliquer dans le cas de rhumatisme musculaire ou articulaire fixe ; mais il convient de l'appliquer concurremment avec les bains.

Si la douche convient surtout au rhumatisme fixe et localisé, l'étuve s'applique beaucoup mieux au rhumatisme généralisé ou mobile. Dans le rhumatisme généralisé nerveux, on emploiera avec beaucoup d'avantages les douches écossaises dans le but de modifier l'expression vicieuse de la sensibilité, agent principal, cause réelle de l'élément rhumatismal.

Toutes les variétés de rhumatismes chroniques ne peuvent pourtant pas être traitées à Bagnères-de-Luchon.

Les rhumatismes chroniques, à caractère nerveux très-prédominant, seront traités avec plus de succès par les eaux moins excitantes de Saint-Sauveur, de Cauterets ou du Vernet.

Les rhumatismes franchement goutteux ne sont point du ressort des eaux de Luchon, pas plus que des eaux sulfureuses en général. Ils sont traités bien plus avantageusement et bien plus efficacement par les eaux alcalines, qui possèdent, dans cette maladie constitutionnelle, une action toute spéciale, on peut dire même spécifique. Il en est de même des goutteux : dans la goutte, les eaux sulfureuses produisent une aggravation de la maladie, plutôt que des effets salutaires.

Il existe encore un grand nombre d'états morbides que peuvent modifier ou guérir la médication sulfureuse de Luchon. Ce sont :

1º Certaines maladies du système nerveux.

Les eaux sulfureuses réussissent généralement à combattre les névralgies anciennes, surtout lorsqu'elles dépendent d'un vice rhumatismal ou herpétique ;

Certaines névroses : l'hystérie, l'hypocondrie, les suffocations, les palpitations nerveuses, se trouvent assez bien des eaux de Luchon. Les tics, la chorée, surtout lorsque ces affections se relient à la diathèse rhumatismale, ce qui est le cas le plus commun, trouvent dans les eaux sulfureuses des agents curatifs par excellence.

Les paralysies de cause rhumatismale, celles produites par l'action directe d'un courant d'air, ou par le plomb chez les ouvriers qui fabriquent de la céruse, ou celles produites par l'abus du mercure, sont habituellement guéries par les eaux sulfureuses de Luchon.

Ces eaux donnent surtout d'excellents résultats dans les diverses paraplégies suivantes : paraplégie saturnine et mercurielle, paraplégie syphilitique, paraplégie par épuisement (excès vénériens), paraplégie rhumatismale, etc.

2º Certains états diathésiques et cachectiques qui déterminent un affaiblissement lent et graduel des forces vives de l'organisme : épuisements généraux de l'organisme, faiblesse de constitution, enfance délicate, convalescence longue, se trouvent parfaitement bien des eaux sulfureuses.

Ces eaux tiennent cette action curative de la propriété qu'elles ont de refaire le sang, d'épurer le corps en activant les fonctions des organes éliminateurs ; en un mot, le traitement par les eaux de Luchon, dans ces sortes d'affections, est un traitement éminemment tonique et reconstitutif.

Les cachexies mercurielles et saturnines sont complétement guéries par ces eaux, en ce que non seulement elles remontent l'organisme, mais encore en ce qu'elles éliminent du corps les substances qui les ont causées.

J'ajouterai même, pour terminer ce qui a trait à cette question, que tout ce cortége de maladies nerveuses et atoniques engendrées par la vie énervante des grandes villes, par les veilles prolongées, l'abus des plaisirs, les travaux de l'esprit, etc., trouveront également à Luchon, beaucoup mieux peut-être que dans aucune autre station thermale sulfureuse des Pyrénées, un prompt soulagement et souvent une guérison radicale.

3° Nous devons encore mentionner les excellents résultats produits par le traitement sulfureux sur les lésions consécutives aux vieilles blessures, fractures, entorses, luxations ; dans les fausses ankiloses et les rétractions des tendons ; dans les raideurs d'articulation ou induration de cicatrice succédant à des plaies, à des fractures, à des luxations, ou à l'immobilité nécessaire à certaines opérations.

Enfin, par suite de cette propriété qu'elles possèdent d'irriter le rectum, organe sur lequel elles déterminent une fluxion, les eaux de Luchon font reparaître des hémorrhoïdes supprimées, guérissent les fissures et les fistules externes ou internes, en déterminant dans les plaies anciennes un état aigu très-favorable à leur cicatrisation.

Maladies des organes génitaux chez l'homme.

CONSOMPTION DORSALE, PERTES SÉMINALES INVOLONTAIRES, FAIBLESSE DES ORGANES DE LA GÉNÉRATION, IMPUISSANCE, ÉPUISEMENT GÉNÉRAL.

La phthisie dorsale, dit Hipocrate, provenant de la moelle de l'épine, est une maladie fréquente chez les libertins; en urinant ou en allant à la selle, ils rendent beaucoup de semence liquide; quoiqu'ils voient des femmes ils n'engendrent pas; ils perdent la semence dans le lit, qu'ils aient des songes lascifs ou non; ils la perdent à cheval, en marchant de toute manière. Si vous interrogez les malades, ils répondent qu'ils sentent comme des fourmis qui descendent de la tête le long de l'épine. Ils tombent dans des difficultés de respiration, dans un grand état de faiblesse avec des pesanteurs de tête et un bourdonnement aux oreilles. Si, dans cet état, ils sont atteints d'une forte fièvre, ils meurent.

Les seuls auteurs, après Hipocrate, qui aient parlé de cette maladie, sont : Wickmann et Sainte-Marie, en 1817, et encore les recherches de ces deux auteurs ont-elles été entièrement ignorées.

Ce ne fut qu'en 1836, époque à laquelle le professeur Lallemand fit paraître son magnifique ouvrage sur les pertes séminales, que la question fut bien connue et définitivement jugée.

Ce sont les travaux de cet éminent chirurgien qui font la base de toutes les recherches qui ont été faites sur cette maladie ; aussi m'ont-ils servi de guide dans les quelques considérations que je vais présenter sur cette affection.

Définition. — On donne le nom de spermatorrhée, à toute évacuation séminale abondante, de quelque manière qu'elle ait lieu.

Ces pertes peuvent se produire pendant la nuit ou pendant le jour ; de là deux variétés très-importantes à connaître :

1° Les pollutions nocturnes ;
2° Les pollutions diurnes.

On appelle pollutions nocturnes, toute évacuation de sperme qui a lieu pendant le sommeil, avec ou sans érection et plaisir.

On appelle pollutions diurnes, toute évacuation de sperme qui se produit à l'état de veille, avec ou sans érection, pendant les actes de la défécation ou de la miction, sans qu'il soit fait, de la part du malade, aucune des manœuvres ordinaires.

Un des symptômes le plus saillant, est l'éjaculation hâtive qui survient sans érection et à la moindre idée lascive, ou en défécant, surtout quand il y a constipation.

Traitement. — Quand cette affection dépend, comme cela se présente assez fréquemment, de la longueur du prépuce et de l'étroitesse de son ouverture, le seul remède est la circoncision.

Cette longueur du prépuce, avec étroitesse de son ouverture, détermine entre lui et le gland une accumulation de matière sébacée qui entretient une irritation continuelle, provoque des désirs vénériens, et détermine la masturbation, qui amène à sa suite la spermatorrhée et par suite l'impuissance.

Lallemand cite plusieurs faits dans lesquels la maladie s'est produite de cette manière, et dans lesquels l'excision du prépuce a été suivie d'une prompte guérison.

J'ai, pour ma part, pratiqué plusieurs fois cette opération qu'avaient nécessité de semblables conditions, et j'ai obtenu toujours d'excellents résultats.

Quand on suppose que la spermatorrhée est due à une atonie des vésicules et des conduits éjaculateurs, un excellent remède à opposer sont les affusions d'eau froide seule ou additionnée d'une certaine quantité de sel gris (une forte poignée pour un demi litre d'eau), ainsi que l'usage des bains salés (deux kil. de sel ordinaire pour un grand bain).

Dans quelques cas, il faut y joindre la cautérisation des canaux éjaculateurs. Cette dernière opération est loin toujours d'être facile à bien exécuter, et surtout d'être bien supportée par le malade; cependant, il faut le reconnaître, c'est un traitement qui, dirigé par une main habile, peut donner d'excellents résultats.

Il est urgent d'associer à tous ces moyens combinés un traitement interne qui consiste dans l'emploi du quinquina seul ou associé aux ferrugineux; ces derniers, et plus particulièrement l'eau de Spa, donneront parfois de très-bons résultats.

Dans quelques cas, il faudra y joindre l'usage du lait d'anesse ou autre.

Un grand avantage, dit Tissot, des eaux de Spa et du quinquina, c'est que leur usage fait bien tolérer le lait.

Enfin, si tous ces moyens ont échoué, il faudra recourir aux eaux sulfurées sodiques qui, par leur action essentiellement tonique et reconstituante, et aidées des divers moyens balnéatoires dont on dispose à Luchon, donneront d'excellents résultats. La température joue ici un grand rôle : une basse température est celle qui convient le mieux.

Traitement des affections syphilitiques et blennorrhagiques, par les eaux sulfurées sodiques de Luchon.

Parmi les auteurs qui se sont occupés de cette question de pathologie thermale, nous citerons les de Bordeu, Anglada, Astrié, Fontan, Pégot, Lambron, etc.

Théophile de Bordeu est le premier qui fait mention de l'emploi des eaux sulfurées sodiques dans le traitement des maladies vénériennes.

Après avoir écrit, en 1746, que les eaux sulfurées sodiques et en particulier les eaux de Baréges et de Bonnes (seules eaux sur lesquelles il avait expérimenté), guérissaient les blessures, lorsque Mars seul en était la cause, excluant celles faites par Vénus, il ne tarda pas cependant, huit ans après, en 1754, à s'apercevoir du contraire. Il reconnut toutefois que ces eaux n'avaient rien de spécifique contre les maladies vénériennes, mais qu'elles jouissaient de cette vertu si remarquable de faire supporter le mercure, en prévenant ses effets parfois si funestes.

Voici, à cet égard, un passage extrait de son ouvrage, intitulé : *Recherches sur les Maladies chroniques*, que nous transcrivons en entier, vu les renseignements si intéressants qu'on sera très-heureux de connaître.

« Nous ne pensons pas ni ne voulons faire croire que nos eaux guérissent les maux vénériens.

» Le mercure serait-il le seul et unique remède contre ces affections ?

» Ou ces affections seraient-elles les seules où ce métal eût de l'efficacité ?

» Il faut espérer qu'on déterminera mieux, un jour, le caractère particulier de la vérole et l'étendue des propriétés du mercure. Cette maladie, contagieuse à sa manière, paraît pouvoir être comparée, quant à sa marche, à une plaie ou à un ulcère rongeant. Dans le premier temps ou dans celui de l'irritation, elle s'étend insensiblement d'une partie à l'autre ; ensuite surviennent des tumeurs, des ulcères, certaines inflammations ; bientôt enfin, toutes les parties, sans en excepter les os, se trouvent affectées, de manière que les deux derniers temps sont souvent confondus. Le principal siége de la vérole est le tissu cellulaire dans lequel elle s'étend, comme la carie dans les os. C'est la raison pour laquelle la nature, abandonnée à elle-même, n'a pas la faculté d'exciter la révolution critique, que favorise l'usage du mercure ; de là vient encore qu'on ne doit employer ce remède qu'avec beaucoup de circonspection. Car, dit Baillou, le mercure est une sorte de levier dont nous nous servons pour déraciner et emporter avec force les maladies.

» Nos eaux ne pourraient-elles pas procurer cette révolution ou du moins seconder beaucoup l'action du mercure ? C'est ce que nous ne pouvons point décider. Au reste, nous observons que nos eaux sont bonnes pour fondre les carnosités de la vessie et de l'urètre, ainsi que l'expérience, d'accord avec l'analogie, l'a démontré. »

Plus tard, en 1760, François de Bordeu, son frère, reconnut aux eaux sulfurées :

1° Une certaine vertu anti-vénérienne, pensant qu'elles guérissaient seules des syphilis constitutionnelles. Cependant, tout en leur attribuant cette vertu, il remarqua que leur efficacité était bien plus évidente, quand on les associait au mercure.

2° Il leur découvrit d'autres vertus qui, encore aujourd'hui sont démontrées de plus en plus vraies ; ainsi il fit connaître leurs merveilleux effets dans la guérison des écoulements gonorrhéiques, dans la guérison des accidents mercuriels et dans les cachexies syphilitiques.

Dans le siècle suivant, de 1819 à 1833, Anglada, tout en admettant la conclusion des deux de Bordeu, démontra deux nouveaux effets des eaux sulfurées. Ainsi, il fit connaître tout le bien qu'on pouvait retirer de l'emploi de ces eaux dans les maladies vénériennes compliquées de scrofules, de dartres, de rhumatisme, diathèses, comme on le sait, si efficacement traitées par l'usage de ces mêmes eaux.

Le premier, il a appelé l'attention sur la propriété qu'ont ces eaux de déceler les syphilis latentes.

M. Fontan, appuyant les conclusions ci-dessus établies, fait connaître une nouvelle propriété de ces eaux qui consiste, non-seulement à combattre avantageusement les accidents mercuriels, mais même à prévenir la salivation mercurielle, tout le temps qu'on prend simultanément les eaux et les préparations hydrargyriques.

Le Dr Pégot, dans un mémoire qu'il a présenté à l'Académie de médecine (le 31 mai 1853) ouvrage couronné (1), a démontré ce fait aujourd'hui incontestable : que les eaux sulfureuses ne sont pas anti-syphilitiques par elles-mêmes.

A cet effet, il a soumis, pendant plusieurs mois, à l'usage seul des eaux sulfureuses, des individus atteints d'accidents consécutifs (secondaires et tertiaires) sans jamais en avoir obtenu la moindre amélioration, et aussitôt que le traitement mercuriel était administré, on voyait une amélioration sensible s'effectuer chaque jour.

Il est arrivé, cependant, que les eaux sulfureuses ont obtenu ou même complété la guérison d'affections syphilitiques des plus opiniâtres. Cela se passe, en effet, lorsque le syphilisé a suivi un traitement mercuriel longtemps prolongé, qu'il y a eu, en quelque sorte, saturation mercurielle. Dans ce cas, l'usage seul des eaux sulfureuses est une médication des plus favorables, surtout quand on a affaire à une constitution délabrée, lymphatique.

Un des points mis en lumière par cet éminent praticien, le seul qui se soit occupé de cette importante question, est le suivant :

Etant donnée une affection cutanée, déterminer si elle est ou non de nature syphilitique?

Si quelquefois, dit le Dr Pégot, il arrive qu'une affection syphilitique secondaire soit liée avec une autre maladie herpétique, cela étant, le diagnostic acquiert de l'importance afin de pouvoir prescrire un traitement rationnel. Dans cette circonstance, s'il y a doute, les eaux sulfureuses seront d'un puissant concours pour

---

(1) *Essai clinique sur l'action des Eaux thermales sulfureuses de Bagnères-de-Luchon, dans le Traitement des accidents consécutifs de la Syphilis.*

en faciliter le diagnostic et surtout le traitement. En effet, lorsque ces deux affections, à physionomie à peu près identique, quoique de nature différente, existent simultanément chez un individu, on remarque que l'action des eaux thermales sulfureuses produit une réaction plus vive sur la dermatose spécifique, c'est-à-dire la syphilide; celle-ci se ranime, devient plus luisante, tandis que l'autre maladie herpétique conserve l'aspect qui lui est propre. En outre cette surexcitation détermine ordinairement un prurit plus prononcé dans la dermatose non syphilitique.

L'existence de ces deux affections étant constatée, une première question se présente :

Qu'elle est la médication à suivre?

Doit-on les traiter séparément?

Laquelle des deux dermatoses doit-on attaquer la première?

En pareil cas, dit cet auteur, je n'hésite pas à me débarrasser de l'affection de nature syphilitique, sauf plus tard à prescrire le traitement qui peut convenir à l'autre variété herpétique.

Tout en reconnaissant, dit le Dr Lambron, tout ce qu'il y a d'exact dans l'observation de notre honorable confrère, nous pensons que l'action des eaux sulfureuses est encore plus tranchée.

Voici ce que nous avons personnellement observé : dans les premiers jours de l'application des eaux sulfurées à une syphilide liée à une dermatose simple, on ne voit pas seulement la syphilide, mais les deux affections s'accroître, s'exagérer, et la maladie cutanée simple présenter en outre une démangeaison plus grande; toutefois ce dernier caractère ne doit avoir qu'une valeur restreinte; car, d'une part, il n'est pas constant, et de l'autre, nous avons vu quelquefois, les syphilides non douteuses présenter du prurit, sous l'action des eaux. Après un temps qui varie, mais qui dépasse rarement deux septenaires, tout ce qui appartient à la dermatose non spécifique s'amende, pâlit, tend à se guérir; les accidents syphilitiques au contraire persistent, souvent même gardent leur superactivité, quelquefois même s'accroissent par l'usage continu des eaux.

Cependant, nous pensons qu'il sera possible de reconnaître ces deux affections de nature différente :

1º A la différence des antécédents;

2º En ce que les dermatoses de nature herpétique seront plus prurigineuses;

3º En ce qu'elles ne seront pas aussi rebelles à l'action curative des eaux ;

4º En ce que les spécifiques, administrés simultanément avec les eaux, n'auront, malgré le surcroit de puissance qu'ils trouvent dans cette association, aucune action marquée sur les dermatoses non vénériennes.

Si la dermatose est simple, les eaux suffiront à la guérison le plus ordinairement ; si elles sont de nature syphilitique, les spécifiques associés aux eaux en auront bientôt fait justice.

Il peut arriver, cependant, que certaines affections herpétiques résistent à l'action simplement curative des eaux sulfureuses; dans ce cas, il faudra leur associer les préparations arsénicales : l'arséniate de soude, la tisane de Feltz, agents thérapeutiques, dit le Dr Pégot, qui se marient très-bien avec les eaux sulfureuses.

Enfin le Dr Lambron est venu, pour ainsi dire, couronner l'œuvre de ses devanciers, en élucidant certaines questions qui étaient restées jusqu'à lui, sans une solution bien définie, bien nette.

Parmi les questions qu'il a résolues, d'une manière
très-satisfaisante, et qu'on trouvera dans un mémoire
(*du Traitement des Maladies syphilitiques par les Eaux
minérales sulfureuses*), qu'il a présenté à la société
d'hydrologie de Paris, figurent les suivantes :

I. Laquelle des préparations mercurielles paraît le
mieux réussir par son association avec les eaux sulfureuses?

Le sublimé, d'après ce médecin distingué, serait
mieux toléré et plus efficace que le proto-iodure de
mercure, qui, quelquefois, occasionne des coliques,
parfois même de la diarrhée. Cela paraît tenir à ce
qu'il se forme, avec l'élément soufré de l'eau, du sufure
de mercure, composé qui ne produit aucun effet toxique, même donné à la dose de plusieurs grammes par
jour.

II. A quelles doses et pendant combien de temps,
convient-il d'administrer le traitement simultané, pour
obtenir une guérison radicale?

On peut administrer d'assez fortes doses de préparations mercurielles, 15 à 20 centig. de proto-iodure de
mercure, et 8 à 10 centig. de sublimé par jour, sans
jamais avoir à redouter d'accidents sérieux. Il ne faut
pas cependant dépasser la dose de 10 centig. de sublimé
par jour, car il pourrait en résulter des accidents toxiques : ardeur à la gorge, crampes d'estomac, angoisses
précordiales, vomissements, brisure générale, coliques
avec ou sans garde-robe.

Voici au reste un résumé de la pratique que j'ai vu
suivre à M. Lambron, pendant les deux mois que je

suis demeuré à Luchon. La première semaine il prescrit 40 centig. de sublimé dissous dans 500 grammes de sirop de salsepareille ou autre ; la deuxième semaine, il porte la dose de 50 à 60 centig. ; la troisième semaine, il va jusqu'à 80 centig. ; enfin la quatrième semaine il donne 1 gramme, dose qu'il ne dépasse jamais, m'a-t-il assuré.

La dissolution du sublimé dans un sirop et son mélange avec l'eau minérale, ne lui enlèvent pas son efficacité, quoique nous ayons vu qu'il fût décomposé, en plus ou moins grande partie, par le principe sulfuré des eaux. Cependant il faut le donner, généralement, à plus hautes doses que lorsqu'on l'administre en dehors du traitement hydro-thermal.

La durée moyenne qu'il convient le mieux de donner à ce traitement est de 30 jours à peu près ; voilà la règle générale ; mais, comme toutes les règles, elle souffre des exceptions : le traitement pourra, par conséquent être plus ou moins long, suivant l'intensité du mal, le tempérament du malade, etc.

III. Quel est le résultat de leur intervention dans les accidents primitifs ?

Les accidents primitifs, chancre mou, infectant, induré ou phagédénique, sont généralement aggravés, tout au moins entretenus par l'emploi des eaux sulfureuses ; aussi sont-elles contre-indiquées dans les accidents de cette espèce.

IV. Dans les syphilis latentes, autrement dire, dans la pseudo-guérison, lesquels des symptômes de la syphilis constitutionnelle réapparaissent sous l'influence de l'action révélatrice des eaux ?

Les diverses manifestations syphilitiques qui apparaissent sous l'influence des eaux sulfureuses, appartiennent aux trois ordres suivants : secondaires, de transition et tertiaires.

Si le malade, dit M. Lambron, est dans la période secondaire, ce seront ces accidents qui apparaîtront ; il en sera de même pour les accidents de transition et tertiaires, car jamais, ajoute cet auteur, la syphilis ne rétrograde. Ce dernier se trouve en désaccord avec le Dr Fontan qui prétend avoir vu reparaître des accidents primitifs.

Je ne puis, pour le moment, émettre mon opinion sur cette question, que je considère comme en litige ; me réservant d y répondre, lorsque je traiterai, d'une manière complète, tout ce qui se rattache aux grands principes qui régissent la pathogénie des affections syphilitiques.

V. Après combien de temps, soit durant le traitement thermo-minéral, soit après l'avoir cessé, peuvent-ils apparaître ?

VI. Quelle doit-être la durée à donner au traitement d'épreuve, et après combien de temps peut-on affirmer que la guérison est radicale ?

Questions laissées indécises par tous les auteurs qui se sont occupés de pathologie hydro-thermale ; seul, le Dr Lambron s'est chargé du soin de résoudre ce problème.

Si la disposition des accidents syphilitiques, dit cet éminent praticien, date de plus d'un an et à plus forte raison de plusieurs années, et que depuis le même temps la personne ait cessé tout traitement spécifique ; on peut considérer la guérison comme certaine, lorsque rien n'est apparu pendant la durée même d'un traitement hydro-balnéaire de trente jours.

Si l'affection syphilitique est de date récente, et qu'elle ait disparu depuis moins d'un an, s'il ne vient rien, la saison terminée, c'est-à-dire, au bout d'une trentaine de jours, on peut être assuré que le malade est guéri. Dans quelques cas cependant, il peut se faire que l'action prolongée des eaux de Luchon, principalement, ne manifeste ses effets qu'au bout de 3 à 4 mois, après toute cessation de traitement. Aussi est-il toujours prudent de se tenir sur la réserve et n'accepter la guérison, comme un fait bien acquis, qu'au bout de ce laps de temps.

De tous ces faits, on peut donc tirer les conclusions suivantes :

1° Que les eaux sulfureuses ne possèdent, par elles-mêmes, aucune action spécifique contre les maladies vénériennes. Elles pourront cependant amener parfois à elles seules la guérison d'une syphilis constitutionnelle, quand les malades auront déjà suivi un traitement mercuriel assez long.

2° Qu'elles sont un puissant adjuvant des spécifiques anti-vénériens, en ce que, par leur association avec les composés mercuriels, non-seulement elles permettent une tolérance très-grande de ces préparations qui, avec leur concours, peuvent être données à très-hautes doses, sans jamais produire d'accidents ; mais aussi en ce qu'elles empêchent un de leurs effets fâcheux, tel que la salivation.

Ces eaux s'allient également très-bien avec les préparations iodurées, l'iodure de potassium, spécifique par excellence des accidents tertiaires. En un mot, le traitement des maladies syphilitiques, par l'emploi simultané des eaux sulfureuses et des spécifiques, est plus prompt, plus profond, plus radical et surtout mieux toléré; précieuse qualité qui permet à certains individus de pouvoir suivre un traitement qu'ils n'auraient pas pu supporter, sans cette bienfaisante intervention des eaux.

3° Les eaux sulfureuses combattent, avec beaucoup d'efficacité, les accidents mercuriels : salivation, cachexie mercurielle, la cachexie syphilitique et certaines syphilis compliquées de scrofule et de lymphisme.

4° Elles décèlent les syphilis latentes ; elles sont, on peut le dire, une véritable pierre de touche pour démasquer certaines syphilis insidieuses.

5° Elles permettent également de diagnostiquer certaines dermatoses syphilitiques, de celles qui sont d'une autre nature.

6° Enfin elles permettent aussi d'affirmer la guérison radicale de la maladie vénérienne, qu'aucun autre moyen, jusqu'à ce jour, n'avait pu nous donner.

Blennorrhée, goutte militaire. — Les eaux sulfureuses jouissent d'une grande efficacité pour faire disparaître, tarir en un mot, les écoulements anciens de l'urètre, si rebelles, qu'ils résistent souvent à tous les moyens qu'on emploie d'ordinaire pour en débarrasser ceux qui en sont atteints.

Cette affection qu'on a appelée gonorrhée, parce qu'on croyait que c'était un écoulement de semence; que l'on désigne généralement sous le nom de goutte militaire, je ne sais trop pourquoi; connue, depuis fort longtemps déjà du public, sous le nom de chaudepisse, mot assez heureux dans un sens, car il exprime, avec assez d'exactitude, le symptôme principal de cette affection :

cette ardeur brûlante qu'éprouvent, les personnes qui en sont atteintes, en urinant; cette affection, dis-je, est très-souvent traitée et combattue très-efficacement par les eaux sulfureuses, prises en boisson, bains et douches.

Le premier effet des eaux sulfureuses appliquées de la sorte, est de faire revenir la maladie à l'état aigu, tout en augmentant considérablement l'écoulement, qui, peu à peu, au bout de quelques jours, diminue et devient plus clair, plus séreux, pour disparaître complétement.

Il y a cependant de ces écoulements qui, une fois ramenés à l'état aigu, résistent à l'action des eaux; on est obligé alors d'avoir recours aux spécifiques anti-blennorrhagiques, pour terminer la cure commencée par les eaux.

On emploie, dans ce cas, les préparations de cubèbe et de copahu et quelques injections astringentes.

En général, peu de ces écoulements, remis à neuf, résistent à l'action combinée des eaux sulfureuses et des anti-gonorrhéiques; il y en a cependant pour lesquels on sera obligé d'employer la cautérisation au nitrate d'argent; c'est alors qu'il faudra surveiller son malade avec beaucoup d'attention, afin d'éviter une inflammation, parfois assez intense, qui pourrait résulter de ce moyen qui, en dehors de l'action des eaux sulfureuses, n'a jamais produit aucun accident, pas même le moindre inconvénient, à moins cependant qu'une main inhabile ou inexpérimentée s'en soit servi d'une manière empirique.

Pour ce qui me regarde, je puis enregistrer, à l'heure qu'il est, plusieurs centaines de guérisons obtenues par ce moyen. Il faut dans ce cas, je l'avoue, de la

part du médecin, beaucoup plus de patience que certains clients n'ont de reconnaissance.

Toutes les eaux sulfureuses réussissent dans cette
affection; cependant M. Lambron semble reconnaître
une action spéciale à l'Enceinte prise en boisson, et
aux Ferras et Richard administrées en bain.

Les accidents consécutifs à la blennorrhagie : cystites chroniques de la vessie et de son col, épididymites
chroniques, arthrites blennorrhagiques, douleurs er-
ratiques dans certains membres, seront également
traités avec succès aux eaux de Luchon.

Pour nous résumer, nous dirons donc que les eaux
minérales, et plus particulièrement les eaux sulfurées
sodiques, seront indiquées dans la syphilis :

1° Lorsque la maladie aura résisté aux agents spécifiques;

2° Lorsqu'il y aura cachexie syphilitique ou cachexie mercurielle;

3° Lorsque la syphilis existera avec quelques diathèses herpétique, rhumatismale et surtout scrofuleuse;

4° Dans les écoulements anciens et rebelles.

J'espérais pouvoir présenter, cette année, une description assez étendue sur les principales questions qui
se rattachent à la maladie vénérienne, telle que : origine de cette affection, des divers modes de propaga-
tion du virus syphilitique, enfin quelques conseils sur
le traitement curatif et préventif de cette terrible maladie; tout autant de questions qui intéressent, à un
trop haut degré, la santé générale et les gens du
monde, pour qu'après les avoir soulevées j'en laisse là
solution à d'autres. Mais le temps me presse, l'espace
me manque, et je dois y renoncer pour le moment,

quoique à regret, en vue du désir que j'ai de consacrer mes dernières pages aux maladies des femmes.

De la Femme.

> Un beau visage est le plus beau de tous les spectacles, et l'harmonie la plus douce est le son de la voix de celle que l'on aime. L'agrément est arbitraire. La beauté est quelque chose de plus réel et de plus indépendant du goût et de l'opinion. L'on peut être touché de certaines beautés si parfaites et d'un mérite si éclatant, que l'on se borne à les voir et à leur parler.
>
> Une belle femme, qui a les qualités d'un honnête homme, est ce qu'il y a au monde d'un commerce le plus délicieux : l'on trouve en elle tout le mérite des deux sexes.
>
> LABRUYÈRE, *Caractères.*

Tout change, tout s'altère : éclore, s'élever, décroître et périr, est une loi commune à tous les êtres.

L'œil peut facilement suivre toutes les nuances par lesquelles passe un arbre, depuis le moment où la chaleur féconde du printemps vient le ranimer et le rendre à la vie, jusqu'à celui où les premières rigueurs de l'hiver viennent le dépouiller des bienfaits de la première saison.

Nous éprouvons un plaisir qui vient du cœur à voir les bourgeons entr'ouvrir d'abord l'écorce de l'arbre, qui semble recevoir lui-même un surcroît de vie ; nous aimons à les voir lui donner, pour ainsi dire, le signal de son réveil, et annoncer que tout va renaître et se renouveler dans cet être inanimé et vivant à la fois; cette douce impression se prolonge jusqu'au moment où les feuilles, confondues avec les fleurs, viennent frapper en même temps tous nos sens et livrer l'âme à une douce extase.

Cet état se dissipe promptement; les feuilles, perdant leurs premières et tendres couleurs, deviennent de plus en plus foncées; les fleurs se ternissent et disparaissent pour faire place aux fruits,

Cette troisième époque ouvre à notre âme un nouveau genre de sensations moins agréables et moins vives, il est vrai, mais plus durables.

Enfin, les fruits disparaissant à leur tour, annoncent aussi que cet arbre, qui nous a charmé pendant quelques mois, ne sera bientôt qu'un tronc stérile; on envisage sa décrépitude prochaine avec une amertume qui n'est adoucie que par le souvenir des plaisirs passés : TELLE EST L'IMAGE DE LA FEMME.

Dans les premières années de la vie, l'homme et la femme ne paraissent point différer l'un de l'autre; cette identité parfaite d'allure et de fonctions fait qu'on les confond l'un avec l'autre.

Mais arrive l'adolescence, et déjà il est impossible de ne pas saisir chez la jeune fille quelques caractères qui lui sont particuliers. Dans cette première époque, il est plus aisé de distinguer la jeune fille du garçon, non par leurs organes, qui semblent ne différer qu'en consistance, mais bien plutôt par la nature de leurs penchants.

Ainsi la jeune fille cherche à acquérir des charmes; elle attache du prix à la parure, et sait que tel geste et telle attitude ne sont point indifférents pour plaire;

longtemps avant qu'elle puisse soupçonner pourquoi elle veut plaire.

Certain philosophe a remarqué que l'esprit des jeunes filles est doué d'une finesse beaucoup plus exquise que celui des jeunes garçons. La finesse est toute la femme. C'est vainement que l'homme voudrait lui disputer cet avantage.

La femme parvient, en restant à peu près telle, et sans éprouver d'autres changements sensibles qu'une augmentation dans la taille, à cette époque brillante qu'on appelle la puberté.

C'est dans cette seconde époque que la nature travaille à mettre la femme en état de se reproduire, et qu'elle donne aux organes qui doivent servir à cette œuvre importante le dégré de perfection qu'elle exige.

A ce moment, le corps de la femme éprouve une secousse générale qui se fait sentir surtout dans ces deux parties opposées par leur siége et différentes par leurs fonctions, dont l'une est l'instrument immédiat de l'ouvrage de la génération, tandis que l'autre le nourrit, l'augmente et le fortifie.

Les mamelles deviennent plus saillantes; les épaules, le cou et les bras offrent des contours fins, déliés et moelleux, qui se continuent jusqu'aux extrémités des mains; les traits du visage changent; tout s'anime alors dans la femme; ses yeux, auparavant ternes et vagues, acquèrent de l'éclat et de l'expression; tout ce que la jeunesse a de fraîcheur et de piquant brille dans sa personne; tout en elle prend de la consistance, de la chaleur et du coloris.

Ce nouvel état amène dans la femme une surabondance de vie qui cherche à se répandre et à se communiquer. Elle est avertie de ce besoin par de tendres inquiétudes, et par des élans qui ne sont que la voix tyrannique et douce de la volupté. Elle semble appeler les plaisirs à son secours ; alors tout s'empresse, tout vole au-devant de la beauté pour la servir et solliciter le bonheur de recevoir ses chaînes.

Lorsque le vœu de la nature est rempli, la femme perd alors peu à peu de son éclat ; cette fleur délicate, qui ne s'épanouit qu'avec la première jeunesse, disparaît comme la rosée du matin.

Arrive alors la troisième période : L'AGE ADULTE.

A la légèreté, à la finesse des traits, à cette taille flexible, qui font le partage de la puberté, succède bientôt l'embonpoint qu'amène ordinairement l'âge adulte, et qui donne à la femme une certaine grâce majestueuse et des agréments qui, en dépit de ce je ne sais quoi de plus grave et de plus imposant, ne laissent pas que de servir quelquefois de piége à l'amour. La nature s'efforce encore d'en tirer parti et de les faire tourner au profit de l'espèce : elle ranime, par intervalles, l'éclat de la femme ; elle fait, de temps en temps, naître de nouvelles fleurs sous ses pas, pour en tirer de nouveaux fruits.

C'est à ce moment que la femme, voulant profiter du peu de temps qui lui reste à plaire, redouble d'efforts pour conserver ce reste d'attraits, précieux et inutiles à la fois, qui ne font guère que rappeler ceux qu'elle n'a plus. Elle rassemble autour d'elle toutes ses machines pour arrêter les ravages du temps, qui la dépouille tous les jours de quelque chose.

Lorsque, hélas ! cet âge, qu'un auteur appelle « l'Enfer des Femmes, » est arrivé, *tout est flétri*, *tout est détruit !*.....

Maladies des Femmes.

DE LEUR TRAITEMENT PAR LES EAUX SULFUREUSES.

Bien qu'on ne puisse pas determiner l'influence précise que la plupart des attributs physiques et moraux ont sur le caractère et sur les fonctions de la femme, on peut néanmoins affirmer que cette faiblesse et cette sensibilité qui leur sont propres, sont non-seulement la source de certaines affections morbides qui leur sont plus particulières qu'aux hommes ; mais elles donnent à celles qui leur sont communes certaine variété d'aspect qui permet de les différencier.

Le système nerveux, on peut le dire, régit tous les actes de la femme et influe d'une manière toute particulière sur les maladies propres à ce sexe.

Le tempérament sanguin, d'après certains auteurs, serait, en général, celui des femmes ; car il serait, d'après eux, le plus favorable à la beauté et le mieux approprié à la trempe de leur esprit. Quoique la différence des tempéraments ne soit pas si marquée chez les femmes que chez les hommes, il est incontestable qu'on ne peut fournir sur ce sujet des données assez précises, pour se permettre de formuler une règle générale ; cependant il m'a paru, jusqu'à présent, que le tempérament prédominant chez la femme était le tempérament nerveux, qui se caractérise par une grande mobilité dans leurs actes, et par cette propriété qui fait que les personnes qui en sont affectées sont plus ou moins sensibles aux impressions qu'elles reçoivent.

Ne voit-on pas, en effet, les femmes mêler l'enjoûe-ment aux affaires les plus sérieuses? Si les chagrins font sur elles des impressions assez vives, leur constitution n'en comporte pas de durables; la même cause qui fait qu'elles sentent vivement, fait qu'elles ne sentent pas longtemps. Les sentiments les plus disparates se succèdent chez elles avec une rapidité qui étonne, de sorte qu'il n'est pas rare de les voir rire et pleurer plusieurs fois dans la même journée.

Les femmes vaporeuses, chez lesquelles la sensibilité est exaltée, présentent ce tempérament à un très-haut degré.

Les eaux de Luchon ne sauraient convenir à ces dernières, car ces eaux, très-excitantes déjà par elles-mêmes, sont formellement contre-indiquées chez les personnes trop impressionnables, et à plus forte raison chez les femmes d'un tempérament par trop nerveux, si frêles et si insaisissables dans leur manière d'être, qu'on ne peut mieux les comparer qu'à cette plante si gracieuse, mais en même temps si délicate, qu'au moindre attouchement elle éprouve comme un spasme nerveux qui la fait se replier sur elle-même. J'ai nommé la sensitive.

Aussi, des règles président-elles à l'administration des eaux sulfureuses dans le traitement des maladies des femmes.

Toutes les eaux sulfureuses de Luchon ne sauraient être employées indistinctement :

1° Les plus douces et les plus sédatives, celles qui sont faiblement minéralisées et dont la température est le moins élevée, conviennent plus particulièrement. Parmi ces dernières nous citerons : les eaux de la Blanche et celles du Sud qui alimentent la salle n° 8.

Viennent ensuite les sources Bordeu, Bosquet et d'Etigny dont les eaux sont également sédatives.

2° Les eaux à basse température sont aussi celles qui conviennent le mieux. + 30° à + 32° centig., telle est la température des bains usitée en pareil cas.

Les bains chauds sont, en général, nuisibles.

3° Les bains prolongés de piscine sont les plus efficaces dans le traitement des maladies de matrice.

4° Les douches vaginales sont très-efficaces pour combattre les engorgements de la matrice et de son col.

Dans ce cas, les douches vaginales sont résolutives.

S'agit-il de combattre la leucorrhée, elles sont substitutives; de rappeler le flux menstruel, elles sont révulsives; de combattre l'atonie des organes génitaux, elles sont stimulantes; enfin d'aider à la cicatrisation des ulcérations du col de la matrice, elles sont cicatrisantes.

La douche ascendante ou rectale, qui s'administre également quand on veut combattre certains engorgements de l'utérus, est résolutive; quand elle est employée pour rappeler le flux menstruel, elle est révulsive.

Les douches vaginales, dont certains médecins redoutent l'effet trop excitant, pourront être administrées, sans trop de crainte, si on prend la précaution de donner des douches dont la percussion ne soit pas trop forte, ce qu'on obtient facilement en diminuant la chute d'eau.

Il en est de même des douches ascendantes.

Les douches vaginales ne doivent pas arriver sur la matrice avec trop de force; il suffit que l'organe soit arrosé sans être frappé. Aussi devront-elles être administrées de préférence en arrosoir ; on évitera ainsi, plus sûrement qu'avec un jet unique, la percussion sur la matrice, chose si essentielle.

La durée des douches vaginales est de cinq à vingt minutes.

Les douches ascendantes, appliquées au traitement des maladies de la matrice, ont le double avantage de produire un effet résolutif, et de combattre la constipation, si opiniâtre parfois chez les femmes : de cette manière on rend la circulation abdominale plus facile.

L'usage des douches internes et externes devra être surveillé très-attentivement. Dans tous les cas, il faut procéder, avec une grande modération, dans l'administration des eaux sulfureuses, quand il s'agit de maladies de matrice ou de tel autre état morbide qui se lie étroitement à ces affections.

Il sera toujours prudent de donner des bains d'une durée moindre que dans les autres maladies ; on commencera par des bains de quinze minutes de durée, et on arrivera, insensiblement et par gradation, en les faisant prendre successivement de vingt, trente, quarante, quarante-cinq minutes, à leur donner une durée d'une heure.

Le médecin pourra seul donner à ce traitement, toujours si difficile à instituer, une sage et intelligente direction.

Indications et contre-indications des eaux sulfureuses de Luchon dans le traitement des maladies des Femmes.

En général, avons-nous déjà dit, les eaux sulfureuses

qui sont considérées comme tempérantes, sédatives, hyposthénisantes, sont celles qui conviennent le mieux, dans certaines affections de la matrice et de ses annexes, ainsi qu'aux personnes trop facilement irritables.

Les eaux de Luchon sont bien loin de convenir, à mon avis du moins, à toutes les maladies des femmes et encore moins à tous ces tempéraments si délicats et si impressionnables qu'on remarque chez presque toutes les dames du grand monde qui, vivant au milieu des plaisirs des grandes villes et dans l'oisiveté la plus complète, sont arrivées à ne plus vivre de la même vie que les autres : absorbées par des idées toutes d'un autre monde, que leur suggère à chaque instant une imagination qu'elles ne gouvernent pas, elles finissent par exalter leur système nerveux au point de ne vivre que par lui; la matière a, pour ainsi dire, fait place à un je ne sais quoi de vaporeux, aussi insaisissable dans son essence que l'électricité, et, par suite, aussi difficile à définir.

Les eaux de Luchon, généralement un peu trop excitantes, même dans leurs sources les plus douces, ne seront employées avec utilité que chez les jeunes femmes faibles, lymphatiques, atteintes d'aménorrhée ou de chlorose. En effet, ces eaux relèvent le ton des organes digestifs, augmentent la somme des forces et favorisent le molimen hémorrhagicum vers l'organe utérin.

Leur association avec les ferrugineux et un régime tonique produit, très-fréquemment, des guérisons aussi sûres que rapides.

Il faut, dans tous les cas, procéder, je le répète, avec beaucoup de modération, et, en suspendre l'usage, dès qu'il surviendra un peu d'irritation, du côté des organes génitaux.

Pour certaines affections sub-inflammatoires de l'uterus ; Saint-Sauveur-les-Bains et le Petit-Saint-Sauveur, à Cauterets, conviennent beaucoup mieux que les eaux de Luchon.

Quand il y a trop d'irritation, Ussat ou Bigorre conviennent mieux que les eaux sulfureuses.

C'est même, en général, par ces dernières qu'il faudrait commencer.

Il y a, près de Luchon, deux établissements de bains, Sainte-Marie et Siradan, dont les eaux sont, en tous points, semblables aux eaux d'Ussat et de Bigorre; aussi y envoie-t-on les femmes atteintes de maladies de matrice, ces eaux ayant le grand avantage de calmer les maladies de l'utérus quand il y a trop d'irritation.

Conseils aux Dames.

Pendant tout le temps qu'elles seront soumises au traitement hydro-thermal sulfureux, les femmes devront être surveillées avec une attention toute particulière : La femme, par sa constitution délicate, par son excessive irritabilité nerveuse, demande à être entourée de beaucoup de soins.

Ce sexe, en effet, si mobile dans ses idiosyncrasies, véritable protée qui se montre sous des formes si variées, doit être tâté avec des ménagements d'une exquise précaution.

L'attention du médecin devra se concentrer essentiellement sur les organes de la reproduction, dont les fonctions dominent tous les actes psychologiques et pathologiques de la femme.

Il est un principe qu'on ne doit jamais perdre de vue, c'est qu'il ne faut jamais troubler les menstrues.

Lorsque l'époque en approchera, il sera prudent de diminuer un peu l'activité du traitement thermal ; l'interrompre complétement pendant tout le temps qu'elles dureront, pour ne le reprendre que le lendemain du jour où les règles auront cessé de paraître. On pourra, cependant, à moins d'indications contraires, continuer l'usage de l'eau en boissons ; mais les bains et les autres modes balnéatoires devront être complétement supprimés.

Il est bon de signaler aux dames, dit Astrié, un petit inconvénient qui pourrait résulter pour elles de l'emploi du blanc de fard, qui est un sous-nitrate de bismuth. Elles s'exposent, par une combinaison du soufre avec le bismuth, à voir leur peau noircir.

On enlève facilement, du reste, la couleur noire par des frictions, avec une éponge imbibée d'acide azotique très-étendu d'eau, et il se forme peu à peu du sulfate de bismuth blanc, soluble.

Que le sexe charmant, envers qui je viens de commettre une petite indiscrétion, me pardonne d'avoir cité ces quelques lignes ; j'ai cru pouvoir me le permettre dans son intérêt, convaincu de trouver, auprès du plus grand nombre de celles qui me liront, plutôt indulgence que récrimination.

Il arrive, parfois, que certaines personnes, après avoir suivi un traitement par les eaux minérales, vont passer quelque temps aux bains de mer, ce qui, en général, n'offre aucun inconvénient : mais il n'en saurait être de même chez les femmes atteintes de maladies de matrice; aussi m'a-t-il paru urgent de les mettre en garde contre cette pratique qui, bien souvent, compromettrait l'heureuse influence qu'elles sont en droit d'attendre de l'usage des eaux sulfureuses.

Les bains de mer sont presque toujours très-nuisibles dans les maladies des organes de la reproduction chez le sexe.

Traitement des maladies des femmes par les eaux de Luchon.

La médication thermale exerce une influence des plus heureuses sur le traitement des maladies des femmes; c'est, à n'en pas douter, la médication la plus efficace contre les maladies de matrice, si rebelles, en général, aux agents ordinaires de la thérapeutique.

Le traitement sulfureux produit d'autant plus d'effet, que ces maladies dépendent, le plus souvent, de certains états morbides : lymphatisme, scrofules, dartres, rhumatismes, états constitutionnels si heureusement modifiés par ces eaux.

Nous rangeons, dans deux catégories, les maladies des femmes qui réclament plus particulièrement l'emploi des eaux minérales.

I. Les maladies spéciales des organes de la génération, qu'on peut réduire aux suivantes : métrite chronique, ulcérations simples ou granuleuses du col de l'uterus, déplacements de cet organe; catarrhe utérin et vaginal.

II. Les maladies générales qui se rattachent, d'une manière très-intime, à ces divers états morbides, et qui sont à peù près exclusives aux femmes : aménorrhée, dysménorrhée, leucorrhée, chlorose, hystérie.

Maladies de la Matrice.

La matrice est, de tous les organes qui composent la machine humaine, celui qui est susceptible du plus grand nombre de dérangemen!s.

La métrite chronique (engorgement et hypertrophie de cet organe, ulcérations du col, fleurs blanches, etc.) est fréquemment liée à quelque état diathésique ci-dessus indiqué.

Il existerait même, d'après M. Guéneau de Mussy, une liaison fréquente de l'engorgement utérin et de ses ulcérations granuleuses, avec l'angine glanduleuse ; ces mêmes affections coïncideraient, également assez souvent, d'après Astrié, avec des éruptions eczémateuses et acnoïdes.

Aussi le traitement sulfureux est-il très efficace pour guérir les maladies qui se trouvent sous la dépendance de ces états constitutionnels, si heureusement combattus par les eaux de Luchon.

La médication, dans ce cas, doit être tonique, reconstituante, tout en étant sédative, et doit particulièrement s'adresser à ces états diathésiques.

On administrera les eaux en boisson, en bains, et surtout en bains de piscine : ces derniers conviennent par exellence aux maladies de matrice.

Voilà pour les indications générales. Examinons maintenant les indications spéciales, autrement dit les autres modes d'application des eaux sulfureuses que réclame plus particulièrement chacun des états morbides dont nous venons de parler ; ce qui constitue le traitement local.

Quand il y aura engorgement simple de la matrice, on se trouvera très-bien de l'emploi des douches vaginales, qui ont une action résolutive des plus puissantes dans les engorgements de l'utérus. Existe-t-il des érosions, des ulcérations superficielles ou profondes, ou bien encore des granulations du col ? Les douches vaginales sont très-efficaces pour faire disparaître ces complications des plus fâcheuses ; car ces eaux, appliquées de cette manière, sont détersives et cicatrisantes.

Nota. — Quand on traite les ulcérations du col de l'utérus par les eaux minérales sulfureuses, il faut, avant de prendre ces eaux et pendant leur usage, en pratiquer la cautérisation ; sinon les eaux feraient plus de mal que de bien.

Cette petite opération qui échoue, en général, avant le traitement hydro-thermal, réussit ensuite à merveille ; ce qui s'explique très-bien, par la disparition de tout engorgement utérin.

Cherche-t-on à enrayer ces écoulements si tenaces et si abondants, qui tiennent, en général, à une inflammation chronique des muqueuses utéro-vaginales ? Les douches seront encore d'un grand secours ; elles agissent, dans ce cas, à la façon des agents substitutifs.

Voudra-t-on au contraire rappeler les règles supprimées complètement (aménorrhée), ou seulement difficiles (dysménorrhée) ? La douche vaginale, puissamment révulsive, agira très-efficacement

On fera également usage des douches ascendantes

pour rappeler les règles supprimées, ou pour combattre certains engorgements de l'utérus.

On aidera puissamment à l'action si énergique de tous ces moyens combinés, en y joignant l'usage des douches externes générales et locales, qu'on donnera, de préférence, en arrosoir, et qu'on dirigera (pour ces dernières) sur les reins, les lombes, les régions inguinales et sur les membres inférieurs.

La matrice étant très-susceptible de devenir le siége de fluxions actives inopportunes, à la moindre cause excitante, il peut résulter, de l'application des eaux sulfureuses, certains inconvénients, tels que métrorrhagie, irritation des organes génitaux, pouvant aller parfois jusqu'à l'inflammation et déterminer des métrites asez intenses, pour que l'inflammation gagnant le péritoine, il survienne une métro-péritonite capable de mettre les jours de la malade en danger. Aussi est-il de toute nécessité que ce traitement soit surveillé avec beaucoup de soin et d'attention.

Là ne se borne pas tout le traitement des maladies des femmes. Celles que nous venons de passer en revue (et j'en ai omis quelques unes à dessein) sont accompagnées le plus souvent d'un état névropathique général, hystérique ou chlorotique, qui réagit, à un très-haut degré, sur ces affections, par suite de cette grande solidarité qui unit le système utérin au système nerveux central.

Ce sont ces divers états pathologiques que je vais tâcher de décrire, en consacrant, à chacun d'eux, un certain développement.

Troubles de la Menstruation, Aménorrhée, Dysménorrhée.

MÉNOPAUSE OU AGE CRITIQUE.

La menstruation, cette fonction si importante dans la vie de la femme, peut éprouver certains troubles auxquels les personnes du sexe sont particulièrement exposées, à l'époque où elles deviennent aptes à la génération.

Ainsi, il peut se faire qu'il y ait une difficulté plus ou moins grande de la menstruation ou une diminution dans les règles; c'est ce qu'on est convenu d'appeler dysménorrhée : si au contraire il y a suppression complète, on désigne cet état sous le nom d'aménorrhée.

Les femmes, en qui les règles sont suspendues, sont sujettes à des congestions actives ou passives dans certains organes, qui déterminent diverses affections telles que : maux de tête opiniâtres, phthisie, hystérie, hypocondrie, et un grand nombre d'autres maladies dont les exempte le flux menstruel, bien établi et bien ordonné.

Pour apprécier la valeur du traitement dans ces deux affections, il s'agit d'en bien étudier la cause, afin de juger de l'opportunité de telle ou telle médication.

C'est ce que nous allons présenter aussi succinctement que possible.

Chez quelques femmes, il semble que le système génital ne s'éveille qu'avec lenteur et difficulté : les règles paraissent tard, et même ne s'établissent jamais d'une manière régulière; c'est qu'il existe alors une véritable asthénie des organes de la génération.

Dans ce cas, les excitants portés sur la matrice sont le seul traitement applicable, et, parmi eux, les douches d'eaux sulfureuses sont les plus efficaces.

Les douches, en effet, ont pour résultat de congestioner le système uterin, si on en dirige le jet, d'une manière spéciale, sur les membres inférieurs.

Le mariage, dans ce cas, aurait aussi, d'après certains auteurs, une influence des plus favorables.

« Mon avis, dit Hippocrate, lorsque les filles se trouvent dans cette triste situation, est qu'il faut les marier au plus tôt. Si elles deviennent grosses, elles se porteront bien. Si on ne prend point ce parti, elles sont exposées, vers l'âge de la puberté ou après, à tomber dans ces accidents, à moins qu'elles n'habitent avec un homme. »

Parmi les femmes, celles qui sont stériles y sont les plus sujettes.

De toutes les autres causes, les mieux connues et qui nous intéressent le plus, au point de vue du traitement par les eaux sulfureuses, je citerai : la dysménorrhée due à l'engorgement de la matrice, aux ulcérations et érosions du col de l'uterus, à une antéflexion ou une rétroflexion de cet organe; celle qui est liée à une chloro-anémie, à une leucorrhée ou à un état nerveux spécial, l'hystéralgie cataméniale, l'hystérie.

Si l'aménorrhée est sous la dépendance d'un vice scrofuleux ou herpétique, les eaux sulfurées sodiques de Luchon seront des mieux indiquées.

Quant à la ménopause, époque de la cessation des règles, que l'on nomme ordinairement âge critique ou

âge de retour des femmes, c'est aux eaux salines séliniteuses froides qu'il faudra avoir recours.

Les eaux d'Ussat, du Salut et du Foulon à Bigorre,
ainsi que les eaux de Sainte-Marie ou Siradan seront
très-utiles dans ce cas.

Leucorrhée.

FLUEURS OU FLEURS BLANCHES.

La Leuchorrée est un écoulement séreux, muqueux
ou mucoso-purulent qui a lieu par les parties génita-
les de la femme.

La leucorrhée est fréquemment due à une des maladies de la matrice dont nous venons de parler ; d'autres fois, elle se rattache sympathiquement à la lésion
de quelque organe éloigné, ainsi qu'on l'observe, si
fréquemment, chez les phthisiques, ou bien encore,
à une affection chronique des voies digestives; elle peut
aussi se relier à l'existence d'une diathèse herpétique,
serofuleuse ou lymphatique.

Cette affection, par l'abondance de ses écoulements
parfois intarissables, quoique, en général, peu dangereuse, est, cependant, pour la femme, une maladie
très-incommode qui constitue une infirmité des plus
sérieuses et un pénible sujet de préoccupations des
plus vives.

Aussi doit-on chercher à les en débarrasser, chose
parfois très-difficile.

Quoique cette maladie résiste, en général, aux
moyens ordinaires de la thérapeutique, les eaux minérales sulfureuses, presque toujours, sauront en avoir
raison.

Ces eaux, par leurs propriétés substitutives, toniques et stimulantes, répondent admirablement à toutes les indications que nous fournit cette affection.

Parmi les eaux minérales qu'il faut employer contre cette maladie, outre les eaux de Luchon, nous citerons comme étant plus particulièrement destinées au traitement de ces affections utéro-vaginales : la source Bruzaud, à Cauterets ; l'Esquirette, aux Eaux-Chaudes ; les sources salines sélimiteuses de Bigorre, qui sont très-avantageusement employées dans le traitement de la leucorrhée, surtout dans le cas où il existe un dérangement des voies digestives ; les bains d'Ussat (Ariége) si efficaces dans toutes les maladies des femmes, pour lesquelles elles ont une vertu spécifique ; ainsi que celles d'Aulus, de Barbazan, d'Audinac et d'Encausse.

Les femmes trouveront, dans les eaux d'Encausse, un puissant remède contre les fleurs blanches, occasionnées par trop d'irritation de la muqueuse qui revêt l'intérieur de la matrice.

Hystérie.

L'hystérie est une affection qui appartient en propre à la femme, mais qui cependant ne lui est pas tout à fait exclusive, ainsi que le veulent certains auteurs.

Quoique ma pratique médicale ne soit pas encore bien longue, il m'a été donné d'en observer un cas, parfaitement bien caractérisé, chez un individu bien évidemment du sexe masculin par la conformation physique, mais qui m'a paru appartenir au sexe féminin par son organisation de sensitive.

Ce fait n'étonnera personne, quand on saura que

j'avais affaire à un des plus chauds partisans du spiritisme, que dis-je, à un des novateurs, non des plus convaincus, mais des plus spéculateurs.

L'hystérie est une maladie essentiellement nerveuse, véritable névrose apéritive, qui se rattache plus particulièrement à l'existence utérine de la femme ; car, presque toujours, il y a une excitation très-grande du côté des organes génitaux, ce qui lui a fait donner les différentes dénominations d'hystérie libidineuse, de nymphomanie ou fureur utérine.

Le siége de cette maladie est inconnu : localisée par les uns dans les organes générateurs de la femme, la matrice, l'ovaire, le clitoris (c'est l'opinion que je professe), elle est considérée par d'autres comme un trouble de l'innervation générale (névrose cérébrale ou cérébro-spinale).

Quoi qu'il en soit de ces diverses opinions, par sa nature et l'ensemble des phénomènes nerveux qui la caractérisent, l'hystérie appartient à la médecine hydro-thermale et aux eaux sulfureuses plus particulièrement lorsqu'elle se trouve liée, soit à l'une des maladies de matrice qui sont du ressort de ces eaux, soit à la chlorose.

Les eaux de Luchon seront avantageusement indiquées chez les jeunes filles hystériques, lymphatiques ou entachées d'un vice scrofuleux ou herpétique.

Quand, au contraire, cette affection se présentera chez une jeune personne très-impressionnable, nerveuse ou trop irritable, on aura recours aux sources sulfureuses plus douces et plus sédatives que celles de Luchon : Saint-Sauveur-les-Bains, le Petit-Saint-Sauveur, à Cauterets; Moligt, La Preste, le Vernet; ou bien encore, s'il y a trop d'irritation, aux eaux d'Ussat ou à celles de Bigorre, qui ont une action toute spéciale sur certaines névroses de l'uterus; celles d'Encausse seront préférées si l'hystérie se trouve liée à une leucorrhée.

Quand on aura affaire à une hystérie essentielle, purement nerveuse, on se trouvera très-bien de l'emploi des douches générales sur tout le corps, et principalement des douches en arrosoir (douches écossaises de préférence).

Un principe dont il ne faut jamais s'écarter, est d'administrer toutes ces eaux à une basse température, condition indispensable pour le succès.

Paraplégie.

On observe assez fréquemment chez les femmes, outre la paraplégie hystérique, chloro-anémique, et la paraplégie, suites de couches, une espèce de paraplégie qui tient à un véritable épuisement nerveux de la moelle épinière, déterminé par des excès d'onanisme ou des rapports maritaux trop souvent répétés.

Cette affection sera traitée très-efficacement par les eaux de Luchon. On fera usage, dans ce cas, de bains prolongés et surtout de douches en jet et en arrosoir, qu'on dirigera sur les lombes, les reins et les membres inférieurs. Il sera également très-avantageux d'employer les douches générales (douches jumelles et écossaises), pour remonter l'organisme ébranlé par les causes premières de cette terrible maladie.

Chloro-Anémie.

Si l'anémie simple guérit, en général, très-bien par

les moyens pharmaceutiques qu'on emploie, d'ordinaire, dans cette maladie, comme le fer, le quinquina, etc., il n'en sera pas toujours de même de l'anémie compliquée de chlorose, ou chloro-anémie. Cette dernière affection n'est pas seulement un appauvrissement du sang, mais paraît consister surtout, quoique la nature intime de cette maladie nous échappe, en une altération particulière des centres nerveux ; car, ainsi que le dit le professeur Trousseau, il n'y a pas de chlorose sans névralgies : c'est dans les cas de cette nature que les eaux minérales feront merveille.

L'indication des eaux sulfureuses en particulier sera d'autant plus précise et d'autant plus formelle que, très-souvent, cette affection se trouve liée, soit à l'une des diathèses si heureusement combattues par les eaux de Luchon ; soit à l'une de ces maladies si communes aux femmes : la leucorrhée, l'aménorrhée, la dysménorrhée, ou bien encore à une maladie de matrice, coïncidence qui existe si fréquemment.

Dans le cas qui nous occupe, il ne faudra pas se contenter de diriger le traitement contre les altérations organiques si variées qui accompagnent ou compliquent cet état morbide, il sera de toute nécessité de chercher à reconstituer l'organisme tout entier en s'adressant à l'état général (chlorose), qui domine toutes les autres altérations qui réclament, à elles seules, une direction isolée ; aussi sera-t-il urgent de joindre à la médication thermale le traitement par les spécifiques. On additionnera les eaux sulfureuses avec le sirop de quinquina, et l'on pre crira aux repas le fer ou mieux les eaux ferrugineuses.

Aucune station thermale sulfureuse dans les Pyrénées, à part Cauterets, ne se trouve dans de meilleures conditions que Luchon, pour répondre à toutes les indications que réclament une telle affection ; car non-seulement Luchon possède de nombreuses sources sulfureuses et ferrugineuses, mais il jouit encore de certains autres avantages très-précieux, pour les chloro-anémiques, qu'il doit à sa position topographique.

Luchon et Cauterets sont, en effet, les stations thermales des Pyrénées les moins élevées, conditions des plus heureuses pour venir en aide à la cure de toutes les maladies qui reconnaissent pour cause une altération du sang, comme les cachexies si fréquentes à la suite des maladies des femmes.

La chlorose des femmes pubères guérit par l'air des montagnes. Cette affection, propre au sexe féminin, est la conséquence d'une névrose qui a son point de départ dans une sorte d'aberration, se rattachant aux fonctions de reproduction.

Cette aberration a pour conséquence des phénomènes nerveux et l'altération des liquides qui accompagnent la gestation. Ce qui a fait dire, à un auteur très-distingué, que la chlorose des femmes pubères était une pseudo-grossesse.

Stérilité.

La stérilité chez la femme peut dépendre d'une affection utérine très-curable par les eaux minérales, lorsque cette affection est une hypertrophie, une ulcération simple ou granuleuse du col, ou un catarrhe de la membrane interne du col avec écoulement de mucus épais caractéristique, avec ou sans déviations ou flexions de la matrice.

La stérilité peut encore dépendre soit de l'inertie de la matrice ou d'une trop grande irritabilité de cet organe, ou bien de ces leucorrhées parfois si abondantes.

Elle doit dépendre aussi de divers troubles de la menstruasion et surtout de l'aménorrhée, quoique certains auteurs prétendent que la femme n'est pas stérile, parce qu'elle n'est pas réglée, mais bien parce que la nature n'exerce pas sur la matrice le degré d'action qui la dispose à concevoir.

La stérilité qui est sous la dépendance d'une de ces affections, qui sont du ressort des eaux minérales, est la seule qui guérisse.

Il va sans dire, en effet, que la stérilité qui se rattache à quelques lésions organiques des organes génitaux : kystes de l'ovaire, cancer de la matrice, etc., ou qui tient à quelque vice de conformation, ne saurait trouver de guérison possible auprès des eaux minérales.

Pour les cas qui réclament l'emploi de ces eaux, on ne saurait trop mettre de soin et de circonspection dans le choix dés sources susceptibles d'opérer la cure d'un pareil état pathologique, toujours si difficile à obtenir.

Toutes les eaux, en effet, sont loin d'être efficaces dans cette circonstance ; il en est, il faut le reconnaître, qui jouissent d'une sorte de privilége pour déterminer chez quelques femmes une aptitude toute spéciale à la fécondation.

Dans bien des cas, les eaux de Luchon pourront réussir, je n'en doute pas, mais il y en a d'autres qui ont une spécialité d'action bien plus puissante, reconnue et sanctionnée par la pratique, depuis trop longtemps déjà, pour essayer de les détrôner ; ce sont : les eaux de Saint-Sauveur-les-Bains et le Petit-Saint-Sauveur, à Cauterets.

Il en sera de même de certaines autres sources, qui trouveront également une heureuse application dans le cas qui nous occupe. La stérilité sera-t-elle sous la dépendance d'une névrose de l'utérus? Les bains d'Ussat, les sources du Salut et du Foulon, à Bigorre, à cause de leur action hyposthénisante bien constatée sur certaines névroses de l'utérus, seront préférées aux eaux sulfureuses.

La stérilité dépendra-t-elle de l'aménorrhée ou de la leucorrhée? Les sources salines ferrugineuses seront très-efficaces. Enfin, les femmes trouveront encore dans les eaux d'Aulus, d'Audinac, d'Encausse, etc., un puissant remède quand la stérilité dépendra d'une leucorrhée très-intense et très-tenace, car ces eaux ont une grande vertu contre les fleurs blanches, celles d'Encausse principalement.

Ainsi qu'on peut s'en convaincre par ces quelques données, l'existence de la femme présente, à n'en pas douter, plusieurs phases dont quelques-unes sont assez critiques.

Pendant toute la durée de la vie utérine, c'est-à-dire depuis l'apparition des règles jusqu'à leur cessation, la femme est sujette à une foule d'affections, dont elle seule a le triste privilége.

Dès l'âge de quinze à seize ans, quelquefois un peu avant, époque où les règles apparaissent pour la première fois, la femme commence à éprouver, du côté de la menstruation, des troubles assez sérieux qui, amenant presque toujours après eux certains états morbides (dysménorrhée, aménorrhée), viennent déranger sa santé et détruire parfois tous les charmes dont la nature l'a parée pour plaire et jouir agréablement des beaux jours de sa jeunesse.

Semblable à la rose, au printemps de sa vie, il lui arrive fréquemment de n'en prendre que les pâles couleurs, et, traînant ainsi une chétive existence, de se faner, sans avoir pu s'épanouir.

Tel est le tableau qu'on peut faire de la femme, quand elle se tr.uve atteinte de certaines maladies comme la chlorose et l'hystérie, conséquence inévitable des troubles de la menstruation. Souvent même, comme pour en rendre le tableau plus sombre, il faut y ajouter la stérilité, qui vient la priver du plus grand bonheur qu'elle puisse envier : celui de devenir mère, rôle pour lequel elle semble avoir été créée.

La femme parvenue à l'âge mûr fait son bonheur de la maternité;

Le besoin de créer tourmente la nature, a dit un de nos plus illustres poètes.

La femme est si belle dans ce rôle, si magnifique, si sublime, qu'on a peine à croire que la nature ait été assez marâtre pour priver quelques-unes d'entre elles de cette douce satisfaction. Et cependant, par combien de souffrances morales et physiques n'est-elle pas obligée de racheter ce bonheur, celle à qui cette jouissance, sans égale, a été accordée? Que de maladies, en effet, l'accouchement n'entraîne-t-il pas à sa suite : maladies de matrice de toutes sortes, métrite chronique, ulcérations du col de l'utérus, déplacements de cet organe, etc.? Là ne se bornent pas toutes les épreuves par lesquelles la femme est forcée de passer; il faut encore qu'elle ait à subir mille inconvénients inhérents à son sexe; tels que l'âge critique (ménopause), ce qui ne la met nullement à l'abri des autres maladies communes à l'espèce humaine.

O nature! pourquoi t'es tu montrée si exigeante envers le plus beau chef-d'œuvre de ta création!

La femme, il faut bien le reconnaître, te paye un tribut bien plus onéreux que les hommes.

As-tu fait au moins quelque chose pour établir une compensation à ses maux?

Oui, quand tu lui a donné la santé et la beauté.

Aussi est-ce dans le but de maintenir l'une en conservant l'autre que je suis entré dans des développements que ne comporte pas un pareil travail.

Heureux, cependant, si, reculant les limites de ce petit ouvrage, je suis arrivé à me rendre utile à ce sexe, à défaut de lui être agréable, ce que je n'ai nullement dédaigné.

Certain de n'avoir pas assez fait, en écrivant ces quelques lignes, j'ai l'intention, dans un prochain ouvrage, de m'étendre, plus longuement encore, sur ce sujet, qui m'intéresse assez, puisqu'il intéresse la plus gracieuse et la plus charmante moitié du genre humain.

Je me propose de décrire, d'une manière complète, l'hygiène de la femme, question générale qui embrassera tout ce qui est relatif au maintien de la santé, et qui comprendra en outre l'art de conserver la beauté, sans laquelle la femme, je le comprends, ne peut tenir aux vanités de ce monde que par un bien faible côté.

Réussirai-je? je l'espère; l'affirmer serait trop s'avancer...... dans tous les cas, on ne pourra pas m'accuser de n'avoir pas fait tout ce qui aura dépendu de moi.

Peut-être, un jour, par un travail surhumain, ferai-je plus que je ne suis en droit d'attendre!

Je fais des vœux pour que ce jour ne se fasse pas longtemps désirer.

De la Médication hygiénique et prophylactique des Maladies des femmes.

MOYENS DE S'EN PRÉSERVER. — CUVETTE HYGIÉNIQUE DU DOCTEUR ADOLPHE BOURDEILLETTE; APPAREIL D'HYDROTHÉRAPIQUE, POUR DOUCHES ET INJECTIONS; APPLIQUÉ AU TRAITEMENT DES MALADIES DES FEMMES.

Rendre plus facile l'établissement de la puberté et de la menstruation, éloigner les causes les plus fréquentes de la chlorose, de l'hystérie, et d'un grand nombre de maladies nerveuses, ainsi que des maladies de matrice; tels sont les résultats que je cherche à atteindre.

Ce que j'ai à dire ici n'est que le corollaire de ce qui précède. Dans les quelques développements où je suis entré, je n'ai eu pour but que d'étudier tous les moyens qui sont en notre pouvoir pour faire disparaître certains états morbides, si profondément enracinés qu'ils ont amené à leur suite les effets les plus fâcheux sur l'organisme, en grande partie, miné par la maladie.

Dans ce qui va suivre, j'ai un but plus élevé, un résultat plus heureux à atteindre : Prévenir les maladies.

Tous les médecins connaissent le rôle important que joue l'organe de la génération chez le sexe.

On peut résumer sa pensée sur ce sujet en disant :

que la matrice est le régulateur de la santé chez la femme.

S'il est vrai de dire que l'homme vit par le cerveau ; il n'est pas moins hardi d'avancer : que la vie de la femme se résume tout entière dans la plus ou moins grande régularité des fonctions physiologiques des organes de la génération, et dans le plus ou moins bon état de ces parties.

Si la métrite chronique, catarrhale ou granuleuse, ainsi que les ulcérations simples ou granuleuses du col, ou ces leucorrhées si abondantes chez certaines femmes, doivent, le plus souvent, leur persistance à un état diathésique ou constitutionel : scrofules, lymphatisme, dartres ou rhumatismes, qui réclame, avant tout, une médication spécifique ; il n'en saurait être de même, dans bien des cas, où ces différents états morbides peuvent exister, sans être liés à l'une de ces diathèses, et constituer alors une maladie simplement locale, entretenue, le plus souvent, par une congestion favorisée dans la matrice :

1° Par la position déclive de l'utérus ;

2° Par les menstrues ;

3° Et par un manque de soins hygiéniques.

Parmi les femmes de toutes les conditions, la grande fréquence de la chlorose, de l'hystérie, de l'anémie, des névroses et des névralgies de toutes sortes ; des ulcérations du col et de l'engorgement de la matrice ; n'est-elle point due à l'oubli de toutes les règles d'une bonne hygiène ?

Dans cette deuxième classe des maladies de matrice purement locales, je suis convaincu que l'usage de l'eau froide employée en douches et en injections, soir et matin, apporterait les plus heureux résultats, dans un état de choses qui compromet si profondément la santé des femmes.

L'introduction des applications d'eau froide dans l'hygiène du sexe, serait, à n'en pas douter, un immense bienfait.

Aussi est-ce dans le but de rendre ces soins hygiéniques plus commodes et plus agréables que j'ai fait construire un petit appareil, véritable meuble de toilette, que j'ai baptisé du nom de Cuvette Hygiénique et d'*Appareil hydrothérapique*, appliqué au traitement des maladies des femmes, par cette double raison : que ce petit instrument est non seulement destiné aux soins de toilette de tous les jours, mais encore qu'il peut rendre de grands services aux personnes du sexe atteintes de maladies de matrice (engorgements, ulcérations du col de l'utérus, leucorrhée, etc.), qui pourront l'utiliser pour prendre des douches et des injections simples ou médicamenteuses.

Les injections d'eau froide, pratiquées soir et matin, peuvent, dans bien des cas, diminuer la congestion utérine, qui s'est opérée momentanément dans cet organe, et même la prévenir.

De plus, elles donnent une certaine tonicité à toutes ces parties ; enfin en les débarrassant de toutes ces sécrétions normales dont ces organes sont constamment mouillés, elles mettent les femmes, qui font usage de ce moyen, à l'abri de bien des maladies, ou tout au moins à l'abri de ces incommodités sans nombre qui résultent, bien souvent, du peu de soin qu'elles prennent à se débarrasser, par des lavages intérieurs, de ces sécrétions naturelles ou *étrangères* qui, s'accumulant en assez grande quantité dans le vagin, finissent par éprouver une sorte de décomposition, ayant pour résultat de changer ces produits naturels en un corps caustique ou au moins irritant; ce qui, très-souvent, est la cause première, le point de départ, de toutes ces inflammations des parties utéro-vaginales.

Aussi courtes que puissent être les quelques considérations que je viens de présenter, qui ne sont que le simple énoncé de ce que je me propose de faire dans la suite, j'ai la conviction qu'elles seront d'une grande utilité pour les personnes qui voudront bien suivre les conseils que je me suis permis de leur donner.

Description de l'appareil.

Ma cuvette hygiénique, quoique composée de plusieurs parties, forme un tout aussi simple que possible.

C'est une petite boîte rectangulaire, présentant, comme forme, un meuble d'une apparence assez gracieuse et assez convenable pour pouvoir figurer, sans inconvénient, dans un appartement quelconque.

A sa partie supérieure, qu'un couvercle à deux battants permet de recouvrir, se trouve enchâssée une cuvette ordinaire pour femme, munie à ses deux extrémités de tuyaux en caoutchouc destinées : l'un A, à déverser dans un récipient B, l'eau qui arrive dans la cuvette par le tuyau C, adapté à l'autre extrémité. Ce tuyau, beaucoup plus long que le premier, fait office d'un véritable siphon destiné à puiser l'eau, dans un vase E, par l'une de ses extrémités, munie d'un embout en métal qui plonge dans le vase rempli d'eau. L'autre extrémité est également munie d'un embout en métal pour recevoir une canule G, qui peut être en cuir bouilli ou mieux en ivoire ramolli, percée à l'une de ses extrémités d'un seul ou de plusieurs petits trous, par lesquels l'eau doit s'échapper, soit par un jet, soit en arrosoir, suivant les besoins.

Chacun de ces tuyaux est muni d'un robinet I, J.

A chacune des extrémités de l'appareil, est adaptée une petite porte pour faire passer au-dehors les deux tuyaux, qu'on laisse dans l'intérieur, quand on ne se sert pas de l'instrument.

MOYEN DE SE SERVIR DE L'APPAREIL.

Pour s'en servir, on n'a qu'à soulever le couvercle supérieur, dont les deux battants viennent se rabattre sur les parties latérales de la boîte, sans apporter la moindre gêne, ni la moindre incommodité dans son usage; on sort ensuite les deux tuyaux qu'on met en place de la manière que nous avons indiquée.

Disposé de la sorte, et la femme placée dans la position qui convient, il ne reste plus qu'à mettre l'instrument en jeu, ce qui est d'une simplicité sans égale.

Pour cela, il n'y a qu'à fermer le robinet J, et à presser deux ou trois fois sur la boule K, afin de chasser tout l'air contenu dans la partie supérieure du tuyau, qui, ainsi vide d'air, se remplit d'eau aussitôt ; et le courant, par suite, se trouve établi.

Ceci fait, on ouvre le robinet J, et à l'instant l'eau contenue dans le vase E s'écoule par la canule avec une force qui augmente ou diminue, suivant qu'on emploie la canule à une seule ouverture ou celle qui en a plusieurs.

Lorsqu'on veut interrompre momentanément le jeu de l'appareil, il n'y a qu'à fermer le robinet J; si on veut s'en servir de nouveau, on ouvre le même robinet qu'on vient de fermer, et aussitôt l'eau s'écoule, sans qu'on soit obligé de presser de nouveau sur la boule K.

Quand on ne veut plus en faire usage, on remet les deux tuyaux dans l'intérieur de la boîte, qui peut également contenir d'autres objets indispensables aux soins ordinaires de la toilette, puis on ferme complètement l'instrument.

On a alors un très-joli petit meuble, dont il est impossible de pouvoir reconnaître la destination, avantage qui n'est pas à dédaigner.

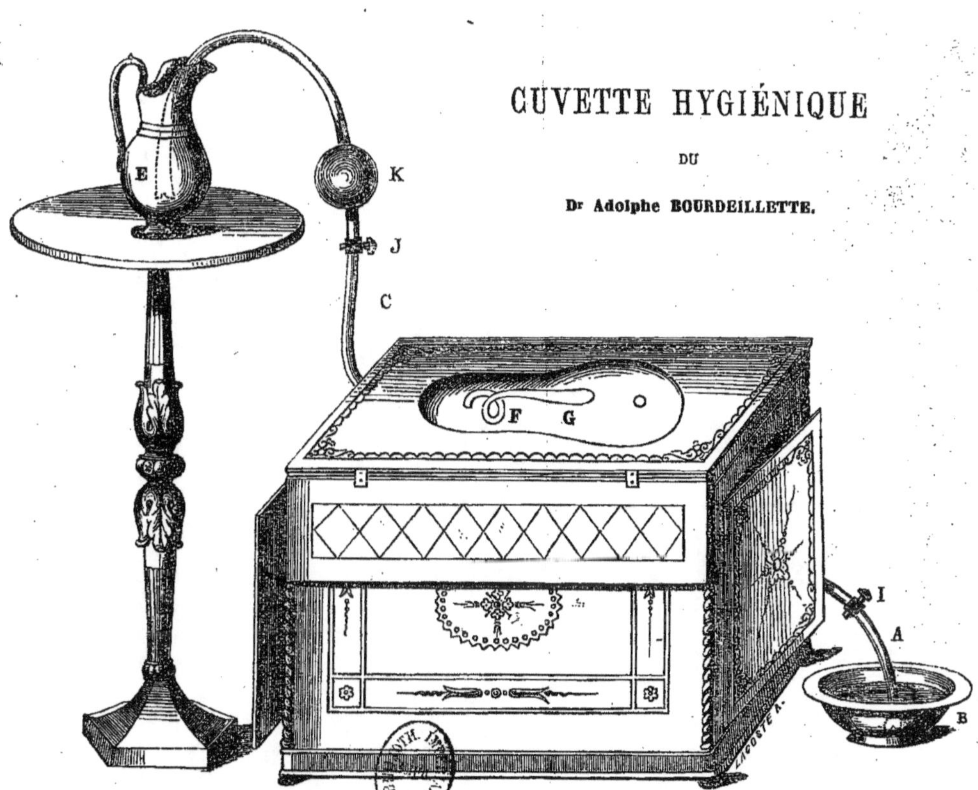

CUVETTE HYGIÉNIQUE

DU

Dr Adolphe BOURDEILLETTE.

Chez M. Darnet, boulevard des Italiens, 26, à Paris.

EXCURSIONS

AUX ALENTOURS DE LUCHON

Ainsi que l'a dit Bordeu, l'équitation, les courses à la campagne et surtout dans les montagnes, partagent, avec les eaux minérales, les avantages de refaire une organisation minée par les souffrances et la maladie.

Aussi les médecins des eaux recommandent-ils ces bienfaisants exercices, qui contribuent puissamment à redonner de la force et de la vigueur, non-seulement par les exercices du corps auxquels on se livre en parcourant les montagnes, mais encore par les distractions que ces plaisirs procurent.

L'air pur et vivifiant des montagnes, dans lequel vous vous trouverez, pour ainsi dire, plongé tout entier, fera passer votre esprit par les différentes nuances et les divers degrés de sérénité qu'une atmosphère variable est susceptible de vous faire éprouver : on se sent, on peut le dire, comme détaché du monde sensible et surtout de tous les orages qui agitent notre frêle machine. A chaque instant, en effet, l'œil est distrait, par l'aspect que présente cette contrée qui, par ses variétés de sites, offre à la vue un de ces panoramas les plus variés et les plus grandioses. Malades et touristes, pourront faire à Luchon des excursions sans nombre, à pied, à cheval ou en voiture ; cette localité ne le cède en rien, pour cela, aux principaux établissements thermaux de France : On peut dire même que c'est une des stations les plus favorisées par ses sites et la nature de son sol, dont les difficultés de terrain sont chaque jour aplanies, grâce aux soins incessants d'une intelligente administration, qui ne cesse de faire pratiquer des routes, des chemins et des sentiers, afin de favoriser les plus valides comme les plus hardis des touristes.

Promenades à pied aux environs de Luchon.

Il y a, aux environs de Luchon, de charmants buts de promenade très-fréquentés, entre autres :

Le village de Montauban, situé à une très-petite distance de Luchon, à l'extrémité d'une superbe allée, qui fait suite à la rue de la Piqué.

On pourra y visiter une jolie petite église, en style gothique, du XII° siècle, ornée de charmantes sculptures, représentant divers sujets : *L'Adoration des Bergers,* que l'on aperçoit à la porte d'entrée ; *Jesus-Christ descendu de la croix reposant sur les genoux de Marie*, qu'on verra sur l'autel qui se trouve sous les voûtes de l'église ; un petit escalier en pierre conduit à cette église souterraine.

Si vous désirez aller voir la cascade de M. le curé, il vous faudra monter jusqu'au petit village situé au-dessus de l'église, à l'extrémité duquel vous rencontrerez la demeure de ce bon pasteur : mais rappelez-vous qu'avant d'entrer vous aurez à débourser 50 centimes.

Si cependant vous préférez ne rien payer, tout en ne diminuant pas l'intérêt de cette charmante promenade, vous n'aurez qu'à continuer votre chemin, et, en moins de quelques minutes, vous vous trouverez en face d'une espèce de caverne au fond de laquelle tombent les eaux d'une magnifique cascade, bien plus belle que celle de M. le curé.

CASCADE DE JUZET.

De Montauban on peut se rendre au village de Juzet, en prenant, à droite de l'avenue de Luchon, un petit chemin qui longe toujours le pied de la montagne. Arrivé à Juzet, ou remonte le gave qui arrose ce village, jusqu'à un petit moulin derrière lequel on peut apercevoir la cascade. Seulement, si on désire la voir de près, on est obligé de payer 50 c., prix d'entrée imposé par le propriétaire, qui a jugé à propos de mettre en pratique l'idée si fructueuse de son voisin, le curé de Montauban.

Vous pourrez facilement vous affranchir de cet impôt, si vous n'êtes pas disposé à grossir le revenu d'un propriétaire par trop intéressé, en faisant quel-

ques pas de plus, de l'autre côté de la vallée ; il vous
sera facile, alors, de voir la cascade, dans tout son ensemble.

Après avoir satisfait votre curiosité, toute naturelle
du reste, vous pourrez revenir à Luchon en suivant le
même chemin, ou bien en prenant un petit sentier qui
va rejoindre la route de Toulouse, à l'entrée du village
de Barcugnas.

ALLÉE DES SOUPIRS, PLATEAU DD LA SAOUNÈRE, CHEMIN DE LA CASSÉIDE, ALLÉE DE BARCUGNAS.

Un but de promenade des plus agréables, est le petit tour qu'on peut faire, en très-peu de temps, en
prenant l'allée des Soupirs qui se trouve à l'entrée
de la vallée de Larboust, à l'extrémité sud-est de
Luchon.

Cette magnifique allée, dont nous avons déjà parlé,
vous conduit, après avoir passé le pont de la Mousquères, au plateau de la Saounère, auquel se rattachent d'anciens souvenirs.

C'est sur ce plateau, que du temps des comtes de
Comminges, le bailli rendait, en leur nom, la justice,
aux Luchonnais : Le juge était assis sur une pierre,
modeste chaise curule, pour un magistrat, dont les
fonctions ont, de tout temps, reclamé une mise en
scène bien plus imposante, souvent, que le personnage
lui-même.

Quoi qu'il en soit, le juge écoutait les deux parties,
et lorsqu'il n'était pas suffisamment éclairé sur les
questions en litige, il ordonnait alors le combat judi-
ciaire, qui avait lieu, à coups de bâton, entre les deux

plaignants, et, à défaut des parties intéressées, les avocats chargés de les représenter soutenaient la lutte, à la place de leurs clients.

Après avoir, du haut de ce plateau assez élevé, plongé son regard dans le gave qui coule à ses pieds (coup-d'œil suffisamment intéressant pour ne pas négliger d'y satisfaire), on descend, par une pente assez douce, le petit chemin de la Casséide, qui longe les bords du gave de l'One; et l'on revient à Luchon par le pont des Saules jeté sur l'One, ou, ce qui est préférable, en continuant de suivre le même chemin qui va rejoindre l'allée de Barcugnas, en passant au-dessous du cimetière de Luchon et tout auprès de la fontaine ferrugineuse de Barcugnas.

Promenades sur la montagne de Superbagnères.

LE BOSQUET, LA FONTAINE D'AMOUR, LA CHAUMIÈRE.

Au-dessus des Thermes est une montagne nommée Superbagnères, haute de cinq mille pieds, sur le flanc de laquelle on a tracé de charmantes petites allées qui conduisent d'abord à un petit bois touffu, magnifique bosquet planté d'arbres verts, situé au-dessus de l'établissement des bains; de là on continue à monter, par des allées dont la pente est assez douce, jusqu'à une plate-forme, espèce de terrasse, sur laquelle on a construit une petite barraque en planches, où l'on sert des rafraichissements : à côté, coule une fontaine surnommée la fontaine d'Amour, sur l'étymologie de laquelle nous n'avons pas besoin de nous étendre, le nom seul parle assez de lui-même.

En continuant de monter, on arrive à une petite maison, la Chaumière, où l'on trouve tout ce qu'on peut désirer : rafraîchissements de toutes sortes, etc.; on y fait même d'excellents déjeûners, tout en jouissant d'une magnifique vue, qui s'étend, d'un côté, sur toute la vallée de Luchon qui se déroule à vos pieds jusqu'à une très-grande distance; de l'autre, sur les sommets neigeux de la Maladetta.

Un tir au pistolet et à la carabine et divers autres jeux complètent les agréments qu'on peut y rencontrer.

Si l'on veut continuer son ascension, on peut gagner, en quelques instants, les paturages des sommets, magnifiques prairies émaillées de fleurs odoriférantes.

Après s'être reposé sur ce charmant gazon qui, par sa beauté et sa fraîcheur, vous y engage naturellement, on continue de monter et l'on arrive, au bout d'un quart d'heure à une demi-heure, sur le dos de la montagne, où se trouve une superbe nappe d'eau. De ce point assez élevé, on aperçoit une traînée de montagnes entassées les unes sur les autres, pyramides gigantesques qui finissent par disparaître sous les neiges qui en cachent la vue, ce sont : d'un côté, les pics dentelés des monts Maudits, avec leurs rochers de granit, d'un gris noir sombre, en grande partie recouverts par les neiges; de l'autre, les monts Crabioules et de Maupas et leurs superbes glaciers.

Promenades sur la montagne de Cazaril.

Village de Cazaril et son église, distance... 4 kil.

Village de Trébons et sa fontaine ferrugi-
neuse............................. —   5 kil 1/2.
Tour de Castel-Blancat............. —   6 kil.
Durée de la course, — de 4 à 5 heures.

Pour se rendre au village de Cazaril, situé à mi-hau-
teur, à peu près, de la montagne, autrement dit, à 800^m
d'élévation, on prend l'allée des Soupirs, on traverse
le pont de Mousquères; arrivé au plateau de la Saounère, on tourne à gauche et on continue sa route jusqu'à une espèce de grange que l'on désigne sous le
nom du petit hameau de Paysas : à cet endroit, deux
chemins ou plutôt deux sentiers se présentent à vous :
celui qui se trouve en face est le plus court, mais aussi
le plus rapide; il est très-difficile, dangereux même
pour certaines personnes; l'autre qui est à droite, est
celui que je vous conseille de suivre; quoique étant le
plus long par tous les détours qu'il fait faire, il est
moins pénible et plus agréable.

Pendant tout le temps que dure cette ascension, on
ne cesse de jouir d'un magnifique coup-d'œil qui, à
chaque pas que l'on fait, embrasse des distances de
plus en plus grandes : on aperçoit d'abord la vallée de
Luchon et les montagnes qui la circonscrivent à l'est;
peu à peu Luchon tout entier s'offre à vos regards,
ainsi que toute cette longue crête de montagnes qui
séparent la France de l'Espagne.

Le petit village de Cazaril, insignifiant par lui-même,
est très-pittoresque, cependant, par sa position si élevée.
On a peine à comprendre qu'il y ait des êtres qui
puissent y habiter l'hiver où ils sont comme enfouis
dans la neige; et où, les trois quarts de l'année, ils

vivent dans une atmosphère humide de brouillards assez épais pour obstruer toute vue.

Malgré toutes ces conditions si défavorables à la vie humaine, vous trouverez chez ces villageois une politesse et une aménité qu'on ne peut taxer d'intéressées, puisqu'ils ne retirent aucun bénéfice de la visite des étrangers, attendu qu'il n'y a rien à voir dans ce malheureux petit bourg, si ce n'est l'église, à cause de son style roman, dont il existe encore quelques traces.

Ces restes consistent en deux immenses pierres enchâssées dans les murs de l'église, sur lesquelles on peut lire ces deux inscriptions romaines :

D M
C. L. LAETO
FI. ERESE
NI. HALS
CONIS.

A CL. LAETUS FILS D'ERÉSÉNIUS HALSCON.

Cette inscription se trouve sur l'un de ces monuments, surmonté de deux bustes, l'un d'homme et l'autre de femme...

La seconde inscription, plus difficile à lire, quelques unes de ses lettres étant en partie effacées, laisse apercevoir, à force d'attention, ces quelques mots :

HOTARR. ORCOTARRIS. F.
SENNARRI. ELONI. FILIAE.
BONIAR. HOTARRIS-F-EX TESTAMENTO.

A HOTARRIE, FILLE D'ORCOTARRIE.

A SÉNARIE FILLE D'ÉLONIE.

A BONIARIE, FILLE ADOPTIVE D'HOTARRIE PAR TESTAMENT.

Cette église, qui n'a que quelques mètres de superficie, est située au milieu d'un petit cimetière, au-dessous duquel passe le chemin qui mène à Trébons et à Castel-Blancat.

Arrivé à Trébons, on ira visiter la fontaine ferrugineuse, une des meilleurs du canton de Luchon, qui se trouve à quelques pas du village.

Pour, de là, aller à la tour de Castel-Blancat, il faut redescendre à Trébons, et prendre, à droite, un petit sentier qui y conduit en quelques minutes.

De ce point assez élevé, on découvre une grande partie de la vallée d'Oueil, les hauts sommets de la montagne de Superbagnères, et même les glaciers d'Oo, lorsque le ciel n'est pas trop couvert. On peut s'en retourner par le même chemin, ou bien aller rejoindre la route de Bigorre qu'on trouvera au pied de la montagne ; un petit sentier qui descend à Saccourvieille y conduit directement.

VILLAGE DE SAINT-MAMET, — DISTANCE... 1 KIL.
CASCADE DE SIDONIE   »   4 KIL. 1/2.

Saint-Mamet est situé au sud-est de Bagnères-de-Luchon, sur la rive droite de la Pique, au pied de la montagne de Cric. Pour s'y rendre, on prend un petit chemin qu'on trouve, presqu'au sortir de Luchon, à gauche, sur la route d'Espagne.

La seule chose à visiter est l'église de Saint-Mamet, assez curieuse, à cause de ses peintures murales, dont je n'essaierai pas de décrire les principaux sujets qu'elles représentent : trop peu familiarisé avec le langage allégorique du saint Evangile, ma plume serait impuissante à les reproduire aussi fidèlement que l'a fait le pinceau du peintre. Le lecteur saura suppléer, je pense, à cette lacune, bien pardonnable, du reste.

On est dans l'habitude d'aller visiter, à quelques pas du village, un établissement qui n'a, par lui-même, aucune physionomie assez originale pour mériter d'autre mention que celle de son existence; je veux parler de l'ancienne fonderie de Saint-Mamet.

Cet établissement, aujourd'hui complètement en ruine, avait été construit, quelque temps avant la révolution, dans le but d'exploiter les mines de cobalt qu'on avait découvertes dans la vallée de Gistain, industrie qu'on a été obligé d'abandonner, à cause des difficultés de communication qui rendaient trop dispendieux: combustibles, mains-d'œuvre et exportation.

En continuant sa route, on arrive, en quelques minutes, dans la vallée de la Burbe, en face de la tour de Castelvieil; on monte alors un petit chemin tracé sur le flanc de la montagne, qui mène, en 25 ou 30 minutes, à la cascade de Sidonie, magnifique chute d'eau qui, par les souvenirs qu'elle éveille, fait éprouver de ces sensations dont aime à se repaître toute âme sensible et aimante.

Sidonie est le nom d'une jeune fille de Luchon, donné à cette cascade par M. Nérée Boubée pour perpétuer le souvenir de cette charmante et belle Luchonnaise, surnommée la *Perle des Montagnes*, enlevée, à la fleur de l'âge, par la phthisie, aux fêtes, aux danses, aux soirées de Bagnères, dont elle fut longtemps l'ornement.

Après avoir réfléchi à ce qu'a de poétique cette gracieuse légende, tout en prenant un peu de repos sous le frais ombrage de ce site si ravissant, on redescend jusqu'au détour de la vallée de la Burbe, pour rentrer à Luchon, par le chemin qu'on a déjà suivi, ou, ce qui est plus agréable, par la route d'Espagne qu'on ira rejoindre, en prenant un petit sentier, pratiqué au milieu d'une prairie que traverse la Pique, qui y conduit, en 30 ou 40 minutes. Ce sentier, qui relie les deux rives du gave, par un pont, le pont de Péquerin, a été fait pour permettre des communications plus faciles, entre les deux postes de douaniers qui gardent, l'un, la vallée de la Burbe, passage le plus fréquenté pour se rendre d'Espagne en France; l'autre, la vallée de la Pique, passage également très-fréquenté.

Castelvieil.

FONTAINE FERRUGINEUSE.

Pour aller à la tour de Castelvieil, on suit la route d'Espagne jusqu'à ce qu'on ait dépassé le poste des douaniers; on prend, ensuite un sentier, à gauche, qui mène à la tour, qu'on pourra visiter moyennant une faible rétribution. Avant d'y arriver, on rencontre sur sa droite une petite chapelle consacrée à la sainte Vierge.

Cette tour carrée est située sur l'éminence ronde d'un roc pelé, qui barre le passage de la Pique, au débouché du val de la Burbe; magnifique point de vue d'où l'on découvre toute la vallée de Luchon, une partie du val de la Burbe et de la vallée de la Pique.

On suppose que cette tour, qui n'est plus aujourd'hui qu'une triste ruine, était, anciennement, comme toutes celles qu'on trouve, en si grand nombre, dans cette partie des Pyrénées, destinée à servir à un système de signaux, véritable poste de surveillance, en usage, probablement, du temps des Romains ou des Francs. Elles ne servent aujourd'hui à aucun usage.

Tout près de la tour de Castelvieil, sur la route qui conduit à l'hospice, se trouve, au fond d'une petite allée très-ombragée, véritable petite gorge entourée de hautes montagnes schisteuses, la fontaine ferrugineuse de Castelviel, où, à toute heure du jour, les buveurs peuvent aller puiser, à discrétion, moyennant un ou deux sous. On y arrive par un petit sentier en zigzag qui est à gauche de la route, à 300 mètres à peu près de la tour.

EXCURSIONS

à cheval ou en voiture,

DANS LES ENVIRONS DE LUCHON.

Renseignements généraux.

Le maire de Luchon, chevalier de la Légion-d'Honneur ;

Vu les règlements de police, en date du 1er août 1865, relatifs aux tarifs des courses à cheval et des journées de guide ;

Attendu que, pour éviter toute discussion dans le prix des courses de montagnes et empêcher des demandes exagérées de la part des guides, il convient de maintenir le principe du tarif, et aussi d'affranchir les promeneurs des frais de nourriture des chevaux et des guides pour prévenir les abus.

Arrête :

Art. 1er. Les loueurs de chevaux, pour les courses des voyageurs dans les vallées et les montagnes des environs de Bagnères-de-Luchon, ne pourront rien exiger au-delà du tarif suivant :

TARIFS DES GUIDES ET DES LOUEURS DE CHEVAUX.

Vallée du Lys jusqu'à la cascade d'Enfer....... 4 fr.
Vallée du Lys, gouffre d'Enfer, retour par l'Artigues et la cascade du Cœur................ 5
Vallée du Lys jusqu'au lac Vert................ 6
Port de la Glère jusqu'à l'entrée............. 4
Port de la Glère jusqu'au lac de Gourgoutes... 5
Hôtellerie du port de Venasque par la cascade des Demoiselles et des Parisiens............. 4
Port de Venasque............................. 5
L'Entécade.................................. 5
Couradilles ou plan de la Serre.............. 5
Viella (aller et retour même jour)............ 6
Viella (aller et retour dans deux jours)........ 7
Bosost...................................... 4
Bosost par St-Béat........................... 6
Bacanère........................... 3 ou 5
St-Béat..................................... 4
Siradan..................................... 4
Siradan à la grotte de Troubat............... 5
St-Bertand à la grotte de Gargas............. 6
Montné (avec le jour)........................ 5
Montné (pendant la nuit)..................... 6
Poujastou................................... 5
Port de Peyresourde......................... 4
Arreau (aller et retour le même jour)......... 6
Pic de Monségut............................. 5
Pic de Monségut, retour par Esquierry........ 6
Lac de Séculejo............................. 5

Lorsque les voyageurs se feront accompagner par un guide, la journée de celui-ci et celle de son cheval seront payées en sus, suivant les indications du présent tarif.

Art. 2. Les prix des courses à cheval qui dureront plus d'un jour, ou celles non prévues au présent tarif, seront réglées de gré à gré, ainsi que le prix des courses de sommet qui ne peuvent être faites qu'à pied.

Art. 3. Les droits d'entrée ou de péage seront à la charge des voyageurs; il ne pourra rien être exigé pour la nourriture des chevaux ou des guides.

Considérant en outre qu'il importe de réglementer la location des voitures qui servent aux promenades et et aux courses en ville, afin d'éviter qu'on exige des personnes qui les louent des prix trop élevés et d'assurer aux loueurs une équitable rémunération;

Arrête :

Art. 1er. Les loueurs de voitures agréés et autorisés par le maire auront seuls le droit de stationner sur la voie publique aux endroits désignés par l'administration.

Art. 2. Toute voiture louée sera remisée ou conduite pour stationner devant l'habitation de la personne qui l'aura retenue.

Art. 3. Les loueurs de voitures pour les courses ou

promenades devront se conformer au tarif suivant.

TARIF DES LOUEURS DE VOITURES.

Pour une course en ville (aller { le jour...... 3 fr.
et retour.)   { la nuit..... 4
Pour faire le tour de la vallée, en passant par
  les villages de St-Mamet, Juzet et Salles....... 6
Course à la vallée du Lys................... 20
Course à l'hospice....................... 25
Course à St-Béat....................... 20
Course au pont du Roi.................... 30
Course à la vallée d'Astos................. 25
Course aux bains de Ste-Marie ou de Sira-
  dan................................. 25
Course à St-Bertrand.................... 30
Course à St-Bertrand et à la grotte de Gargas.... 35
Course au port de Peyresourde............. 30

Art. 4. Moyennant le prix du tarif, les voyageurs seront affranchis de toutes les dépenses autres que celles de péage et des droits d'entrée qui seront intégralement à leur charge.

Art. 5. Le prix des courses non prévues au présent tarif sera réglé de gré à gré.   *Le maire*, TRON.

La vallée du Lys.

CASCADE DU CŒUR, CASCADES DU GOUFFRE D'ENFER.

Distance jusqu'à la vallée du Lys. 10 kil.
  »   jusqu'au pont de Nadie. 12 kil.
Durée de la course (aller et retour), de 5 à 6 heures.

On prend la route qui conduit à la tour de Castelvieil, jusqu'au pont de Ravi, sur lequel on passe pour
prendre la route du val du Lys, magnifique vallée où le
gave coule entre deux versants de grandes forêts de hêtres et de sapins. Les rives du gave sont couvertes de prairies d'une fraîcheur et d'une verdure qui plaisent à l'œil;
on ne peut se rassasier de l'aspect de ces mille fleurs,
qui croissent en foule au milieu de ces prairies et parmi
lesquelles domine surtout le lys : d'où vient, sans
doute, à cette vallée le nom qu'elle porte.

De tous côtés, et à peu de distance les unes des autres, nombre de cascades animent cette magnifique
contrée et y entretiennent une végétation des plus
luxuriantes.

A un kilomètre environ du pont de Ravi, on aperçoit la petite cascade Viguerie; un peu plus loin, le trou
de Boumeou et la cascade de Richard, nom d'un artiste Toulousain.

Quelques centaines de pas encore, et déjà on aperçoit
le pic Quairat, les glaciers de Crabioules et ceux de
Maupas; on arrive, bientôt après, à l'extrémité de la vallée
du Lys dont le fond représente un vaste cirque dominé par des montagnes d'une hauteur prodigieuse,
où règnent les glaces éternelles qui alimentent plusieurs cascades situées au-dessus du gouffre d'Enfer.
Un peu avant d'arriver à la cascade d'Enfer, on rencontre, à sa gauche, la cabane du Lys où on est dans
l'habitude de descendre pour s'y reposer et y prendre
des rafraîchissements : on y trouvera également
des provisions nécessaires, pour y faire un bon repas.
Un peu plus loin, on découvre à sa gauche, la magnifique cascade du Cœur, située à une très-petite hauteur,
ce qui permet de la visiter, sans trop de fatigue : un

petit sentier qui part de la cabane du Lys, en passant
sur un pont rustique jeté sur le gave, y mène en quelques minutes.

La plus remarquable de toutes ces chutes d'eau est
la cascade d'Enfer qu'on aperçoit au fond du cirque,
un peu à droite; pour bien la voir, il faut l'examiner
du bas de sa chute, et d'en haut à sa naissance ; chose
facile quand on sera sur le pont Arrougé, situé au-
dessus de la cascade d'Enfer. Pour y arriver, on prend,
à droite, un sentier assez rapide et tortueux qui conduit
d'abord à un premier pont, le pont Arrougé ; puis à
un second, le pont du gouffre d'Enfer, à côté duquel se
trouve une tour carrée d'où, en plongeant ses regards,
on peut apercevoir l'effroyable gouffre d'Enfer et sa
cascade, qu'on verra encore mieux en montant à un
troisième pont, celui de Nadie, d'où l'on jouira, en
outre, d'une vue des plus grandioses, qui s'étend sur
les montagnes environnantes.

On peut s'en retourner par le même chemin ; mais il
est plus court, arrivé au pont Arrougé, de prendre
un sentier, opposé à celui qu'on a déjà suivi, qui mène
directement sur la rive droite des cascades.

Vallée de la Glère.

CASCADE DES DEMOISELLES.

Distance jusqu'à la cascade des Demoiselles 7 kil.
Durée de la course (aller et retour) { à pied de 3 à 4 h.
{ en voiture 2 h. 1/2.

On suit la route qui conduit à la tour de Castelvieil
jusqu'au pont de Lapadé qu'on traverse : Peu après, on

laisse à droite, le pont de Ravi, et l'on continue de remonter la vallée de la Pique jusqu'à quelques centaines de pas au-delà des granges de Labach.

On quitte alors la route d'Espagne, pour prendre, à droite, un sentier qui va à la cascade des Demoiselles, en passant sur un petit pont jeté sur le gave de la Glève, qui débouche dans la magnifique pelouse dite Prat-de-Joueau, où l'on voit encore quelques indices insignifiants d'un ancien hospice, construit par les Templiers, à l'époque où le port de la Glère était encore fréquenté.

Après avoir traversé cette pelouse, on atteint, en quelques minutes, la cascade des Demoiselles, alimentée par les eaux de la Glère. Cette cascade, qui tire son nom de ce qu'à une certaine époque de charmantes parisiennes en avaient fait le but habituel de leurs joyeuses excursions, se trouve située à l'entrée même de la vallée de la Glère, dans une petite gorge sauvage, où l'on aperçoit pêle-mêle d'énormes blocs de rochers entremêlés de troncs d'arbres brisés, dont l'aspect est des plus pittoresques.

Vallée de l'Hospice.

HOSPICE DE LUCHON. — CASCADE DES PARISIENS.

Distance jusqu'à la cascade des Parisiens... 10 kil.

Durée de la course (aller et retour) { en voiture 3 h.
à pied de 4 à 5 h.

De la cascade des Demoiselles, pour se rendre à l'hospice de Luchon et à la cascade des Parisiens, il faut aller rejoindre la route d'Espagne, à l'embranchement où on l'a quittée, pour prendre le chemin qui conduit à la cascade des Demoiselles. On continue alors de remonter la rive droite de la Pique, à travers la magnifique forêt de Charuga, et l'on se trouve bientôt sur une espèce de plateau, magnifique pelouse au milieu de laquelle s'élève l'hospice de Luchon, maison de refuge pour les voyageurs, où les visiteurs trouveront des rafraîchissements, et même d'excellents déjeuners.

Cet établissement hospitalier, véritable hôtellerie, appartient à la commune de Luchon, qui la loue 5,000 francs par an à un fermier tenu de remplir certains engagements dont il ne peut s'affranchir, sous quelque prétexte que ce soit. Non-seulement le fermier doit y habiter une grande partie de l'année ; mais pendant l'hiver, lorsque la saison est trop rigoureuse pour pouvoir y demeurer, il doit, lorsqu'il s'en va, en laisser les portes ouvertes, et y avoir constamment des provisions, en assez grande abondance, pour subvenir aux besoins de l'homme ainsi que des bêtes de somme, mulets et chevaux, qui généralement accompagnent ceux qui sont assez imprudents pour s'aventurer dans une excursion aussi périlleuse. La saison d'été est celle qui procure au fermier ses plus grands bénéfices, par les repas qu'il donne et par les pensionnaires qui viennent loger chez lui, pendant plusieurs semaines, pour y suivre une cure de petit lait.

Non loin de l'hospice, on va visiter la source de la Pique, située à 500ᵐ au-dessus de l'hospice, et, un peu au-dessus de cette source, une mine de plomb argentifère.

Cascade des Parisiens. — A quelques minutes de l'hospice, se trouve également la superbe cascade des Parisieus, nom qui lui vient de ce qu'un artiste de Paris en fit le premier le dessin, qu'il fit lithographier à plusieurs exemplaires et dont la vente fut affectée au profit des pauvres de Luchon : cette cascade est située dans un ravin, dont les rochers entremêlés de broussailles offrent un aspect des plus sauvages.

Pour s'y rendre, on n'a qu'à traverser le torrent qui est vis-à-vis l'hospice (c'est le gave du Pesson), et prendre, à droite, un petit sentier qui s'engage dans la forêt de Sajust.

Je ne saurais trop engager les personnes qui ne peuvent se livrer à de trop longues excursions, ainsi que les personnes amies de la belle nature, à ne pas manquer de faire cette promenade, l'une des plus charmantes et des plus agréables, par l'aspect de ses sites variés et gracieux; où l'on respire un air des plus purs, embaumé par les suaves parfums d'une végétation luxuriante.

Le passage suivant, extrait du magnifique ouvrage de M. Taine (*Voyage aux Pyrénées*), vous décidera, c'est à n'en pas douter :

« Arrivé un peu au-delà du pont de Lapadé, la vallée se rétrécit et monte, le gave coule entre deux versants de grandes forêts, et tombe à chaque pas en cascades. Les yeux sont rassasiés de fraîcheur et de verdure; les arbres montent jusqu'au ciel, serrés, splendides; la magnifique lumière s'abat comme une pluie sur la pente immense; ses myriades de plantes la respirent, et la puissante sève qui les gorge déborde en luxe et en vigueur. De toutes parts la chaleur et l'eau les vivifient et les propagent; elles s'entassent; des hêtres énormes se penchent au-dessus du torrent; les fougères peuplent ses bords. La mousse pend en guirlandes ver-

tes sur les arcades des racines ; des fleurs sauvages
poussent par familles dans les crevasses des hêtres ; les
longues branches vont d'un jet jusqu'à l'autre bord,
l'eau glisse, bouillonne, saute d'une berge à l'autre
avec une violence infatigable, et perce sa voie par une
suite de tempêtes.

» Plus loin, de nobles hêtres montent sur le versant,
et font une plaine inclinée de feuillage ; le soleil lustre
leurs cîmes qui bruissent ; l'ombre fraîche étend sa
moiteur entre leurs colonnes, sur les rubans des herbes éparses, et sur des fraises rouges comme du corail.
De temps en temps la lumière s'abat par une percée
et ruisselle en cascades sur leurs flancs qu'elle illumine ;
des îles de clarté découpent alors la profondeur vague ;
les plus hautes feuilles remuent doucement leur ombre
diaphane ; cette ombre disparaît presque, tant la splen-
deur est universelle et forte. Cependant une petite source
perdue égrène entre les racines son collier de cristal, et
les grands papillons de velours roulent dans l'air par
soubresauts brisés, comme des feuilles de châtaignier
qui tombent.

» Au fond d'un creux plein d'herbes, paraît l'hospice
de Bagnères, lourde maison de pierres, qui sert de
refuge. Les montagnes ouvrent, en face, leur cirque de
roche, fondrière énorme et désolée ; pour comble, les
nuages se sont amassés, et ternissent l'enceinte crevas-
sée qui ferme l'horizon ; elle tourne d'un air morne,
toute nue, avec l'armée grimaçante de ses aiguilles, de
ses tranchées saignantes, de ses escarpements meur-
triers ; sous le dôme des nuages, tournoie une bande
de corbeaux qui crient. Ce puits semble leur aire ; il
faut des ailes pour échapper à l'inimitié de toutes ces

pointes hérissées, et de tant de gouffres béants qui attirent le passant pour le briser. »

Vallée de Larboust.

St-Aventin. — Distance. — 6 kil. { A pied...... 2 h. 1/2.
Durée de la course. { En voiture. 1 h. 1/2.
Cazaux. — Distance. — 7 kil... { A pied...... 3 h. 1/2.
Durée de la course. { En voiture. 2 h.
Garin. — Distance. — 8 kil. 1/2. { A pied...... 4 h.
Durée de la course. { En voiture. 2 h. 1/2.

On sort de Luchon par l'allée des Soupirs, on traverse le pont de Mousquère; arrivé au plateau de la Saounère, on prend le chemin de gauche, et l'on poursuit sa route, par des pentes faciles quoique parfois un peu rapides, jusqu'à ce qu'on rencontre à sa gauche une petite chapelle; c'est la chapelle de Saint-Aventin. Vous en serez avertis par l'inscription tracée sur le fronton de ce petit sanctuaire :

CHAPELLE RECONSTRUITE PAR LA CHARITÉ DES FIDÈLES, EN L'HONNEUR DE SAINT AVENTIN, OU SON CORPS FUT MIRACULEUSEMENT DÉCOUVERT, TROIS SIÈCLES APRÈS SON MARTYRE, QUI EUT LIEU EN 800.

Cette chapelle a été construite, en effet, en souvenir de saint Aventin, qui, toute sa vie, et même avant de naître, fit des miracles des plus étonnants.

Il était encore dans le sein maternel, dont il n'aurait pu sortir, paraîtrait-il, sans l'intervention d'une bonne femme, qui s'empressa d'apporter de l'eau bénite à

12

a mère qui en prit un bain de pieds, et aussitôt la délivrance eut lieu, sans la moindre souffrance ni la moindre difficulté.

J'ignore comment ce jeune phénomène passa sa plus tendre enfance : il est à croire qu'il fit comme tant d'autres, probablement. Mais arrivé à un âge plus avancé, les choses se passèrent différemment, puisqu'il sut s'affranchir des lois de la nature, en faisant des prodiges sans nombre.

Comme nul n'est prophète dans son pays, il fut s'établir, comme ermite, dans la vallée d'Astos-d'Oo, où aussitôt il accomplit des prouesses qui ont lieu de nous surprendre aujourd'hui : jugez de l'étonnement qu'il a dû causer, dans ces temps où la crasse ignorance a laissé faire tant de choses merveilleuses et surnaturelles.

On raconte, entr'autres histoires, qu'il retira une épine de la patte d'un ours qui était venu lui-même implorer ce secours ; il est à regretter que ce ne soit pas un lion, ainsi que cela est arrivé à Androclès ; le fait aurait été plus merveilleux.

Il fit mieux encore : les Maures qui, à cette époque, avaient envahi ces contrées, l'enfermèrent dans la tour de Castel-Blancat, d'où il s'envola à travers les airs, et vint tomber sur un rocher, à l'endroit même où se trouve la chapelle, sans se faire le moindre mal. On voit encore l'empreinte de ses pieds, moulée dans le granit, qui, pour le recevoir, se ramollit comme de la cire.

Comment s'y prit-il ? on l'ignore, malheureusement ; car sans cela on ne serait pas obligé de se creuser le cerveau pour trouver un système aérien qui permit de traverser l'espace aussi rapidement que la pensée ; recherches, jusqu'à présent, infructueuses, et qui prouvent qu'au lieu d'avancer nous ne faisons que reculer.

Après s'être évadé de sa prison, il se réfugia dans la vallée d'Oueil, où il fut poursuivi par les Maures, qui lui tranchèrent la tête.

Mais aussitôt et sans perdre de temps, dit un chroniqueur, saint Aventin prit sa tête entre ses deux mains, gravit une montagne, et à peu de distance de la vallée de Larboust, il déposa sa tête et mourût. Il fut enterré dans le même lieu.

Que de semblables comédies se passent dans un autre monde, ainsi que le Dante nous en fournit un exemple, en faisant promener Bertrand de Born, tenant sa tête à la main, en guise de lanterne, afin de s'éclairer dans la sombre demeure des enfers ; rien de mieux : ce qui se passe dans un autre monde ne nous regarde pas. Mais qu'on vienne, à chaque instant, détruire ainsi l'harmonie des lois de la nature, la chose est par trop audacieuse.

Aussi ne faut-il pas avoir la moindre crainte de dévoiler toutes ces histoires, inventées à plaisir, pour faire dégénérer le monde au lieu de le régénérer, ce à quoi tendraient en vain tous nos efforts, si nous laissions se perpétuer nombre de ces absurdités faites pour abâtardir l'espèce humaine.

Vous avez supposé, peut-être, que cette légende s'arrêterait là ; pas le moins du monde. Ce que vous allez apprendre est encore plus surprenant.

« Trois cents ans après sa mort, dit le même chroniqueur, un troupeau de taureaux paissaient sur les bords de la rivière ; ces derniers s'arrêtaient toujours à un endroit où, sans prendre de nourriture, ils se contentaient de gratter la terre en mugissant. Les tau-

-reaux n'en étaient pas moins gras pour cela, ce qui fit croire au prodige.

« Alors les populations voisines accoururent vers cet endroit, et tandis que la foule se pressait au lieu où mugissaient ces taureaux, une voix inconnue fit entendre ces mots : « C'est ici que repose le corps du bien- » heureux saint Aventin ! » Mais tout-à-coup un essaim d'abeilles obscurcit l'air et s'opposa à cette exhumation. On écrivit au pape le résultat de ces prodiges ; le pape déclara qu'il fallait un ordre de sa part pour exhumer le corps du bienheureux.

« En effet, l'ordre pontifical transmis, l'essaim disparut et on exhuma le corps de saint Aventin sans aucune difficulté. Saint Bertrand, évêque de Comminges, voulant lui élever une chapelle (et pour décider entre les prétentions des deux vallées, Oueil et Larboust, qui se disputaient l'honneur de la posséder dans leur territoire) fit atteler deux vaches à un traîneau et les laissa marcher toutes seules. Elles s'arrêtèrent au lieu de l'Hermitage de Saint-Julien, où l'on éleva une chapelle en l'honneur de saint Aventin. »

A 1,400 mètres de cette chapelle se trouve le petit village de Saint-Aventin, où l'on a construit une église, toujours en l'honneur de saint Aventin.

« Le bruit des miracles, dit M. Lambron, qui s'opéraient sur les reliques de saint Aventin amenait un tel concours de fidèles, que le petit oratoire était devenu insuffisant. Dès-lors on éleva, avec les dons laissés par les nombreux visiteurs, un autre temple plus digne de la renommée du grand saint, et on y transporta ses reliques. Cette église est assise sur une terrasse qui domine le village. Par ses voûtes et ses arceaux en plein cintre, par ses trois absides semi-circulaires, en un mot, par son style roman, elle appartient au XIIe siècle. »

Après être sorti du village de Saint-Aventin, on monte la route de Bigorre, et à 1,300 mètres, on rencontre, sur sa gauche, le petit village de Cazaux, qui n'a rien d'intéressant que sa petite église, qui est également du XIIe siècle.

En quittant Cazaux, on prend le chemin de Peyresourde, et en moins d'un quart d'heure, on atteint le village de Garin, où l'on voit les restes d'une vieille tour à signaux.

Le but vraiment intéressant de cette promenade, est cette immense moraine, masse énorme de près d'une lieue de long sur une demi-lieue de large, composée de blocs de granit, mêlés à une quantité prodigieuse de terre végétale. C'est sur cette moraine antique que sont situés les villages de Cazaux, de Garin et la petite chapelle de Saint-Pé, qui se trouve à un demi-kilomètre du village de Garin. Du sommet de cette moraine, on jouit d'une belle vue sur la vallée d'Oo et ses immenses glaciers, qui la ferment au midi, la vallée de Larboust et ses nombreux villages.

On peut faire de cette charmante promenade une excursion très-intéressante, en poussant une reconnaissance jusqu'au col de Peyresourde, d'où l'on découvre la riante vallée de Louron.

Vallée d'Aran.

SAINT-BÉAT ET LE PONT DU ROI.

Distance (aller et retour) : 63 kilomètres.
Durée de la course, en voiture, de 7 à 8 heures.

La route de Luchon à Cierp nous est connue par la description que nous en avons donnée dans l'itinéraire de Montréjeau à Luchon.

De Cierp à Saint-Béat, il n'y a que quatre kilomètres. La route qui y conduit part du milieu de Cierp, traverse le petit village de Marignac et se continue jusqu'à Saint-Béat en longeant presque toujours le pied du massif de Bacanère et les rives de la Garonne.

Saint-Béat est une petite ville située dans une position très-pittoresque, à l'entrée même d'une gorge très-étroite, d'où sort la Garonne espagnole qui coule à ses pieds, en la divisant en deux parties, reliées entre elles par un pont en bois. Au-dessus, s'élève un ancien château-fort, complètement en ruine, qui domine la ville. Ce château, bâti sur un rocher très-escarpé, était destiné anciennement à défendre ce défilé, seul passage pour se rendre de France en Espagne : aussi l'appelait-on la clé de la France.

Sur une des tours de cette forteresse s'élève aujourd'hui une statue en bronze de la Sainte-Vierge : elle est de fondation récente, car elle n'a été placée là, par les habitants de cette contrée, qu'en 1855, époque où le choléra vint les visiter pour la première fois ; espérant ainsi empêcher son retour.

Sur le socle en marbre qui sert de piédestal à cette statue, on lit cette inscription :

Posuerunt me custodem.

On m'a placée là comme gardienne tutélaire.

L'église, du XIe et du XIIe siècles, n'offre rien d'intéressant ; cependant elle posséderait, paraîtrait-il, les reliques de saint Cyriaque, qui, depuis longtemps déjà, est venu détrôner saint Béat, qui n'est plus le patron de la ville que de nom, puisque la fête paroissiale, qui fut primitivement celle de ce dernier saint, n'est célébrée, aujourd'hui, qu'en l'honneur de saint Cyriaque : anomalie qu'on ne peut expliquer, à moins de supposer que ces bons villageois aient eu l'intention de partager leurs faveurs, pour ne pas faire de jaloux.

Les carrières de marbre blanc, actuellement en exploitation, sont de toute beauté ; elles sont situées au-dessus du village de Marignac, sur les flancs du mont Arri, montagne entièrement composée de marbre blanc et gris, qui se rapproche beaucoup du beau Carrare d'Italie ; aussi est-il employé à faire des statues.

Pour aller les visiter, on suit un petit sentier qu'on prend sur la route de Cierp à Saint-Béat, à 5 à 600 mètres avant d'arriver à cette dernière ville, et qui vous y mène en vingt minutes à peu près.

Sur les flancs de la montagne de la Pène-St-Martin, près du village de Boutx, se trouve une carrière de marbre qui fut exploitée, du temps des Romains ; les outils anciens qu'on y a trouvés attestent la véracité du fait.

De Saint-Béat au Pont-du-Roi, la route est des plus belles ; son parcours est de 11 kilomètres.

Le premier bourg qu'on rencontre est Arlos ; on passe ensuite devant les villages d'Argut-Dessous, qu'on laisse à sa gauche, et d'Argut-Dessus, qu'on laisse à sa droite ; on traverse un magnifique pont en marbre jeté sur la Garonne, et l'on arrive à Fos, magnifique petite ville de 1,300 âmes.

Au sortir de Fos, on se trouve sur une belle route plantée de magnifiques arbres. A cet endroit la végétation est des plus luxuriantes; la vigne même y vient jusqu'à d'assez grandes hauteurs. Des maisons éparses qu'on aperçoit, à droite et à gauche, des petits ruisseaux, qui coulent çà et là, embellissent encore le paysage.

Après avoir franchi le Muras, ce bassin si fertile et si riant se rétrécit peu à peu; à la belle végétation que nous venons de quitter, succède bientôt un sol aride et nu, dont l'aspect devient de plus en plus triste, jusqu'au Pont-du-Roi, limite internationale entre la France et l'Espagne; la vallée est si étroite sur ce point, que c'est à peine si plusieurs personnes pourraient y passer de front.

La route cesse d'être carrossable au-delà du pont; ce n'est plus qu'un chemin muletier.

Du Pont-du-Roi, on peut s'en retourner à Luchon par Lez, Bosost et le Col du Portillon.

Du Pont-du-Roi à Lez, 5 kilomètres. — On monte un petit sentier qui longe le pied du Pales-de-Burat, on arrive bientôt à Ponteau, petit village espagnol; on laisse ensuite, à sa droite, le village de Bausen, et à sa gauche celui de Canéjan, à l'entrée du val de Toran, et l'on se trouve à Lez.

Lez est un charmant petit village bâti sur une terrasse qui domine la Garonne, célèbre par sa source sulfureuse, connue et utilisée depuis le IIe ou IIIe siècle de notre ère.

Cette source unique alimente un établissement qui comprend vingt cabinets de bains et une douche; il y a également quelques appartements pour les malades.

Ces eaux sont, dit-on, très-efficaces dans le catarrhe chronique des voies urinaires et de la gravelle.

A côté de Lez, se trouve un très-joli château, transformé, pendant la saison des Bains, en un café-restaurant, lieu de rendez-vous très-agréable.

De Lez à Bosost, il n'y a que 3 kilomètres ; aussi franchit-on cette petite distance, en trente ou quarante minutes au plus. Sur sa route, on rencontre le gouffre de Clèdes, où la Garonne se perd en partie sous des rochers.

De Bosost à Luchon, 11 kilomètres. — Distance totale de cette course : 52 kilomètres.

Durée (aller et retour) : 9 heures.

DE LUCHON À BOSOST PAR LE COL DE PORTILLON.

Distance (aller et retour) : 22 kilomètres.

Durée de la course { à pied, de 6 à 7 heures.
{ à cheval, 4 heures et demie.

Une partie de cette route nous est connue, jusqu'à la cascade de Sidonie.

De la cascade de Sidonie au col de Portillon, on met de 30 à 35 minutes, en suivant un sentier très-escarpé qui monte en zigzag, à travers une magnifique forêt de hêtres et de sapins. Arrivé au sommet de ce col, on rencontre un immense bloc de granit, sur lequel sont gravés, autant que mes souvenirs permettent de me le rappeler, d'un côté, un F, de l'autre, un E (France et Espagne) ; cette borne, en effet, sert de limite entre les deux pays.

Un peu plus loin, on passe devant un poste de douaniers espagnols, sur le fronton duquel on lit cette inscription :

LOS CARABINIEROS DE LA REINA.

Après avoir dépassé ce petit poste, on ne tarde pas à

arriver à la petite chapelle de Saint-Antoine, d'où l'on jouit d'un magnifique point de vue, qui embrasse une grande partie de la vallée d'Aran et qui offre à cet endroit un aspect des plus ravissants. Cette superbe vallée est traversée dans son entier par la Garonne, qui coule au milieu de riches prairies verdoyantes, entrecoupées de gigantesques peupliers. On aperçoit à ses pieds le petit village de Bosost, et au loin, dans la même direction, Lez.

S'il vous vient à l'idée de pénétrer dans la petite chapelle de saint Antoine, ne vous laissez pas aller au désir de déposséder ce pauvre saint de quelques-uns de ses oripeaux; car, si vous étiez pris en flagrant délit par quelqu'un des habitants de ces contrées sauvages, il pourrait en résulter une rixe assez fâcheuse.

De cette chapelle, on descend à Bosost par un petit chemin très-rocailleux et si rapide, qu'il sera prudent d'en opérer la descente à pied.

Arrivé à Bosost, il vous faudra payer 50 c. pour votre monture; après quoi, vous pourrez aller vous rafraîchir dans un cabaret, en général très-mal tenu.

Vous engager à visiter Bosost serait par trop gascon, attendu que cette petite ville, aussi malpropre que mal bâtie, n'offre aucune curiosité, si ce n'est son église, desservie, m'a-t-on assuré, par sept curés, nombre assez raisonnable, même en Espagne, pour un village de quatre à cinq cents âmes. Je n'en ai, pour ma part, rencontré que deux ou trois, qui ont suffi à satisfaire ma curiosité.

Que vous vous en reveniez par le même chemin, ou que vous continuiez votre route par Saint-Béat, ne vous attardez pas, trop avant dans la nuit, dans ces pays sauvages où l'on est presque aussi en sûreté que dans les bois les plus déserts.

Vallée de la Barousse-Mauléon.

GROTTE OU TROU DE SAOULE. — GROTTE DE TROUBAT. —
RUINES DU CHATEAU FÉODAL DE BRAMEVAQUE.

Distance (aller et retour) : 69 kilomètres.
Durée de la course : de 8 à 9 heures.

On prend la route de Luchon à Montrejeau jusqu'au val de Siradan ; arrivé en face de Siradan, on suit un chemin qu'on rencontre, quelques mètres plus loin, qui monte jusqu'au-delà de Cazaril, à un petit col élevé de 600 mètres, puis descend, par une pente assez rapide, jusqu'à Mauléon; petit bourg fort pittoresque, situé au confluent des deux ourses, et dominé par un rocher sur lequel se dresse une tour à signaux.

A quinze ou vingt minutes de Mauléon, se trouve la grotte ou trou de Saoule, traversée par les eaux de l'Ourse, qui, au moment de s'engouffrer dans cette voûte formée par d'immenses rochers, tombent en formant une cascade d'un effet vraiment saisissant.

On peut aussi aller visiter les belles carrières de marbre blanc de Sost, très-employé pour la statuaire.

On descend ensuite à Troubat, situé à deux kilomètres, où se trouve une magnifique grotte, connue dans le pays sous le nom de Sainte-Araille ; elle est située, à dix minutes, au-dessus du village de Troubat, au pied même d'un rocher rougeâtre qui s'appelle le Mail-Blanc. Cette grotte, qui a plus de 300 mètres d'étendue, est un véritable labyrinthe divisé et subdivisé en une infinité de galeries, qui forment plusieurs étages ; on y aperçoit çà et là d'assez belles stalactites.

En face de Troubat, on voit encore les ruines de l'ancien château féodal de Bramevaque, où, pendant vingt-trois ans (de 1400 à 1423), la comtesse Marguerite de Comminges fut enfermée, par les ordres du féroce comte de Foix, son troisième mari.

Ce fut également dans ce même château que la charmante, mais volage Marguerite de Valois, épouse d'Henri IV, fut confinée, pendant un certain temps, pour quelques peccadilles d'amour.

Saint-Bertrand-de-Comminges.

GROTTE DE GARGAS. — ÉGLISE DE VALCABRÈRE.

Distance (aller et retour) : 74 kilomètres.

Durée de la course : de 9 à 10 heures.

Cette excursion est l'une des plus suivies par tous ceux qui se rendent à Luchon.

On suit la route de Luchon jusqu'à Labroquère ; arrivé à ce village, on passe sur un pont en marbre jeté sur la Garonne, et l'on prend, à droite, un chemin qui conduit directement à Saint-Bertrand.

Saint-Bertrand-de-Comminges, ancienne métropole des Connèves, aujourd'hui chef-lieu de canton de l'arrondissement de Saint-Gaudens, est une petite ville de 7 à 800 âmes, entourée de remparts, bâtie sur un contrefort de montagnes, d'où l'on domine la magnifique plaine de la Garonne et le ravissant bassin de Loures.

Son origine remonte vers l'an 69 de notre ère ; ce fut le grand Pompée qui, à son retour d'Espagne, en jeta les premiers fondements.

Elle devint, dans la suite, une grande cité romaine, qui ne comptait pas moins de 60,000 habitants. Elle fut détruite de fond en comble par les Francs, vers l'an 585, et rebâtie, six siècles après, par Bertrand de Lille-Jourdain, qui, devenu évêque de Comminges, en fit le siége de son évêché. On employa, pour sa reconstruction, un grand nombre de débris romains, dont on aperçoit encore quelques restes, principalement dans les remparts.

Au-dessus d'une des portes de la ville, celle de Cabirolle, on lit cette inscription gravée sur une pierre :

IMP. XXVI. COS.

V. P. P.

CIVITAS. CONVEN.

A... 25 FOIS OU 26me EMPEREUR,

CONSUL 5 FOIS ET PÈRE DE LA PATRIE.

LA CITÉ CONVÈNES.

On remarque à côté une pierre également romaine, sur laquelle est sculptée une louve, armoirie caractéristique de Rome.

L'intérieur de la ville offre encore quelques ruines assez intéressantes à voir ; mais ce qui surtout attire l'attention des visiteurs, c'est la magnifique église de Saint-Bertrand. Cet immense édifice, où tous les âges de l'architecture sont pour ainsi dire confondus, appartient au style roman du XIe siècle, au style gothique du XIIIe, et au style de la renaissance du XVe. Romane par sa base, l'église est purement gothique au sommet et dans les assises intermédiaires. De plus, la chapelle de Notre-Dame, celle de sainte Marguerite et la galerie voûtée des tombeaux du cloître sont de la renaissance du XVIe siècle.

Ce fut saint Bertrand qui posa la première pierre de cette immense basilique, vers le XIIe siècle ; elle fut continuée ou plutôt presque reconstruite en entier par Hugues de Châtillon, dans le XIVe siècle, et ne fut achevée que vers le milieu du XVIe par l'évêque de Mauléon.

L'intérieur de cette église est purement gothique ; c'est bien là, dit Sandras, une église du moyen-âge : l'ogive aiguë des fenêtres, les sculptures grimaçantes des boiseries, les blanches statues de marbre couchées sur les tombeaux, les caractères à demi effacés qui s'aperçoivent encore sur les dalles, les vitraux ternis qui tamisent la lumière, tout reporte involontairement l'esprit à ces jours où la foi était si grande, mais si profondément attristée.

On y admire le tombeau du fondateur, celui de Hugues de Chatillon, la boiserie du chœur, pleine de détails naïfs et d'aventures bizarres ; celles de l'orgue, travail de pure ornementation.

Le trésor de l'église renferme, entr'autres objets curieux, le bâton pastoral de saint Bertrand, la crosse de cuivre récemment retrouvée d'un prélat du XIIIe siècle, et la chappe de Bertrand de Got, qui fut pape sous le nom de Clément V.

On montre encore, appendue à la voûte, la peau d'un serpent dont saint Bertrand aurait délivré le pays.

De Saint-Bertrand, on va visiter la grotte de Gargas, située à quarante-cinq minutes de la ville ; c'est l'une des plus belles des Pyrénées, par son étendue et ses nombreuses stalactites, qui offrent les dispositions les plus curieuses.

« Sans effort d'imagination, dit M. Lambron, on y reconnaît des colonnes, des ogives, une chaire, des statues d'hommes et de bêtes, des bas-reliefs, des autels surmontés d'immenses baldaquins, etc. »

Pour la visiter, on paie 1 fr. par personne ; il faudra ajouter 1 fr. de plus, si l'on veut voir la grotte toute illuminée, coup-d'œil des plus féeriques.

De Saint-Bertrand, on va voir l'église de Valcabrère, qui est à un kilomètre de distance, très-curieuse à visiter, surtout pour un archéologue, à cause des nombreuses antiquités qu'elle renferme.

Vallée d'Astos d'Oo.

LAC D'OO ET SA CASCADE.

Distance (aller et retour) : 32 kilomètres.
Durée de la course : de 5 à 6 heures.

On suit la route que nous avons déjà prise pour aller à Saint-Aventin, jusqu'à Cazaud ; au sortir de ce village, on descend un chemin très-rapide, pavé de cailloux pointus, ce qui en rend la descente assez difficile. Peu après, on aperçoit la tour d'Oo, qui est, comme toutes les autres tours à signaux ; celle-ci, cependant, a perdu de son cachet original, par les réparations que lui a fait faire son propriétaire, en la coiffant d'une toiture en ardoise. A quelques mètres de la tour, on rencontre le village d'Oo, dont on peut, en passant, aller visiter l'église, d'architecture romane pure.

Après avoir dépassé le village d'Oo, on s'enfonce

dans la vallée d'Astos, remarquable par sa végétation des plus luxuriantes, en suivant une route parfaitement unie, jusqu'aux Cabanes d'Astos d'Oo, situées au pied de la vallée de Médassoles, en face de la vallée d'Esquierry. Là, on descend de voiture, et l'on monte, en moins de quarante minutes, au lac d'Oo, par un petit sentier en zigzag peu pénible à gravir et très-agréable à suivre, à cause des magnifiques points de vue dont l'œil se repaît à chaque instant.

Après avoir franchi un petit pont qui est presque au niveau de l'eau, on gravit un sentier assez rapide et l'on se trouve, en quelques secondes, en face du mamagnique lac d'Oo, au fond duquel on aperçoit la superbe cascade qui l'alimente. Cette cascade, qui tombe d'une hauteur de 825 pieds sur des amas de rochers, fait entendre, dans sa chute, un bruit sourd dont le son est renforcé par les hautes montagnes qui entourent ce lac de tous côtés.

La superficie de cet immense bassin d'eau, suspendu à une hauteur de 1,500 mètres, est de trente-neuf hectares ; sa profondeur est de 212 pieds. On peut y faire une promenade en bateau moyennant 1 fr. 25 c. pour la traversée simple, et 1 fr. 50 c. pour en faire tout le tour.

Il est bon d'être prévenu que chaque personne qui va visiter le lac paie 25 c. et 25 c. pour sa monture, ce qui, à mon avis, est un impôt illégal et ridicule. Ne vous en prenez pas cependant au fermier, qui n'en peut mais ; la commune d'Oo est seule coupable d'une pareille mesure, qui s'éloigne par trop de l'hospitalité écossaise : n'ayant vu, dans cet impôt, qu'un moyen de grossir son budget, elle s'est arrogé un droit qui, peut-être, est dans le code, mais qui, à coup-sûr, n'est pas dans nos mœurs.

Faudra-t-il donc toujours répéter éternellement et en vain ce malheureux proverbe de Lafontaine :

La raison du plus fort est toujours la meilleure.

A quoi donc, je vous le demande, sert la civilisation ?

Course des cinq lacs d'Oo.

CIRQUE D'OO, TUSSE DE MONTARQUÉ.

Distance : 39 kilomètres.
Durée de la course de 10 à 12 heures.

La cascade d'Oo est alimentée par cinq lacs supérieurs : le lac d'Espingo, de Saousat, l'Abesque de la Coume, le lac glacé de Portillon et le lac glacé d'Oo.

Ces lacs sont alimentés eux-mêmes par la fonte des neiges et des glaciers qui les surmontent : le glacier du Ceil de la Baque, le glacier d'Oo, les glaciers de Quairat, de Crabioules, de Perdiguères, du Portillon.

Du lac d'Oo, on parvient aux cinq lacs supérieurs en prenant un petit sentier qui se trouve sur la rive droite du torrent ; ce sentier très-escarpé, d'où son nom *Escala*, véritable échelle qui monte en zigzag au milieu de rochers jetés pêle-mêle, vous conduit, en une heure et demie, au lac d'Espingo, situé à 1875^m d'élévation : ce lac, qui alimente directement la cascade d'Oo, a une demi-lieue à peu près de longueur. Un peu plus loin on en rencontre un second, le lac de Saousat, moins grand que le premier, situé à 1960^m. Ces deux lacs sont encaissés dans une espèce d'entonnoir, qu'on appelle le cirque d'Oo, circonscrit par les pics les plus élevés : les pics Quairat, 3,100^m; Crabioules, 2,850^m. Perdiguières, 3,145^m; du Portillon d'Oo, 3,220^m; de Spijoles, 3,049^m; du Ceil de la Baque, 3,060^m; du port d'Oo, 3,114^m. Sur le versant de ces hautes montagnes, on aperçoit d'immenses glaciers : le glacier du Ceil de la Baque et le glacier d'Oo, qui alimentent les deux lacs du cirque d'Oo.

C'est au-dessus de ces immenses glaciers que sont comme englobés le lac glacé de Portillon.

Pour y arriver, on prend un sentier très-abrupte et à peine frayé, qui, en demi-heure à peu près, conduit à un troisième lac insignifiant, situé à 2,090^m, dont il ne reste presque plus rien, comblé en partie par une quantité énorme de pierres et de débris qui, chaque année, y sont entraînés par les avalanches qui descendent du haut des montagnes. De ce lac, on prend à sa gauche un petit sentier tracé au milieu d'immenses blocs de granit, et en moins d'une heure et demie d'une montée assez rapide, on atteint le sommet de cet escarpement où se trouve le lac glacé d'Oo, situé à 2,670^m. De ce point, pour aller au lac de Portillon, il faut redescendre au lac de Saousat, descente qui demande une demi-heure de marche ; on s'enfonce ensuite dans une espèce de ravin qui se trouve à gauche du gave de Portillon, et l'on arrive, en deux heures et demie ou deux heures trois quarts, au lac glacé de Portillon, à 2,650^m. Sur son chemin, on rencontre la cascade Michot, formée par les eaux du gave de Portillon, située dans une effroyable échancrure de rochers, espèce de gouffre d'un aspect des plus sauvages. Si du lac de

Portillon on veut jouir de la vue des cinq lacs, il faut gravir le tusse de Montarqué; du sommet de cette arête qui sépare les deux lacs, celui de Portillon et le lac glacé d'Oo, la vue embrasse les cinq lacs supérieurs d'Oo, ainsi que les glaciers immenses du Portillon, d'Oo, du Ceil de la Baque et ceux d'Oo.

Ainsi : du lac d'Oo au 1er lac supér. Espingo. 1 h. 1/2
    du 1er lac au 2e, lac de Saousat.......... 1/4 d'h.
    du 2e au 3e, lac de l'Abesque de la Coume. 1/2 h.
    du 3e au 4e, lac glacé d'Oo.............. 1 h. 1/2
    du 4e au 5e, lac glacé du Portillon..... 2 h. 3/4

Du cirque d'Oo au port d'Oo.

Si l'on veut traverser le port d'Oo, on laisse à sa gauche le lac glacé, et on gravit le glacier d'Oo, dont les pentes sont assez faciles pour qu'on puisse le franchir sans trop de peine ; en moins d'une demi-heure, on se trouve vis-à-vis d'un étroit passage, large d'un mètre à peu près, situé à 3,000m. Ce passage est dominé par le pic du Ceil de la Baque, le pic du port d'Oo et les glaciers des Gourgs-Blancs.

Si du port d'Oo on ne veut pas s'en revenir par le même chemin, on peut descendre par des pentes plus douces jusqu'à la cabane de Paoul, dans la vallée d'Astos de Venasque, pour de là se rendre à la ville de Venasque où l'on peut aller coucher. Le lendemain malin on revient à Luchon par le port de Venasque et l'hospice de Luchon.

ASCENSION DU PIC DES CRABIOULES. — Si du cirque d'Oo

on veut faire l'ascension du pic des Crabioules, il faudra suivre le sentier qui conduit au lac glacé de Portillon, au-dessous duquel on passe, pour se rendre au glacier du Portillon qu'on est obligé de gravir en partie jusqu'au col qui sépare le pic des Crabioules du pic de Perdiguères, trajet des plus difficiles ; arrivé à ce point, on quitte le glacier pour monter sur les rochers presque à pic des Crabioules. Du sommet de ce pic on y jouit d'une vue panoramique des plus imposantes, qui s'étend sur les six lacs d'Oo, sur la magnifique vallée d'Astos de Venasque, d'Astos d'Oo, et sur toute cette immense chaîne de montagnes du canton de Luchon, etc.

PORT DU PORTILLON D'OO. — Si au lieu de faire l'ascension du pic des Crabioules on veut traverser le port de Portillon d'Oo, il faut gravir le glacier du Portillon d'Oo jusqu'à ce qu'on atteigne une petite échancrure, qu'on aperçoit très-distinctement au sud : c'est le port du Portillon d'Oo, situé à 3,044^m, passage le plus élevé de la chaîne. De ce col on peut revenir à Luchon, en passant par la ville de Venasque.

ASCENSION DU PIC QUAIRAT. — Du cirque d'Oo, on peut pousser une reconnaissance jusque sur le pic Quairat, ainsi nommé parce qu'il ressemble à une pyramide quadrangulaire. Du haut de ce pic, on a une vue plus étendue que du pic des Crabioules. Du pic Quairat, on peut redescendre à Luchon, en passant par la vallée du Lys. Cette excursion, qui n'offre qu'un ou deux passages difficiles à franchir, le passage de la Cheminée et la Tusse de Maupas, est très-intéressante à tous les points de vue, et ne demande que quinze à seize heures pour s'accomplir.

Port de Venasque.

Distance : 16 kilomètres.

Retour par le port de la Picade. Distance : 36 kilom.

Durée de la course : de 8 à 9 heures.

Cette excursion, une des plus belles qu'on puisse faire aux environs de Luchon, quoique longue et pénible, offre aux touristes un des plus magnifiques spectacles qu'il soit possible de voir, et qui, à coup-sûr, les dédommagera de leur fatigues. Rien n'est comparable, en effet, au superbe coup-d'œil dont on jouit, lorsqu'on se trouve sur le point culminant du Port-de-Venasque ; on est ébloui d'admiration par le spectacle grandiose qui, tout-à-coup, se déroule aux regards. De ce point assez élevé (2,400 mètres à peu près), on aperçoit la Maladetta et son immense mer de glace, ainsi que ses sommets prodigieux, dont le plus élevé est le pic du Néthou. On aperçoit également toute la longue chaîne des Pyrénées, qui forme, devant soi, un demi-cercle de montagnes hérissées des pics les plus gigantesques.

Pour se rendre au Port-de-Venasque, on suit la route d'Espagne jusqu'à l'hospice de Luchon ; on prend ensuite un chemin qui est à gauche et qui conduit au Port-de-la-Picade, en passant par le Port-de-Venasque ; c'est un petit sentier en zigzag qu'on a tracé à grande peine à travers une roche toute nue et remplie d'escarpements.

Après avoir traversé le gave de la Frèche et franchit

le torrent de Venasque, on atteint bientôt le Culet ou roche perpendiculaire, du haut de laquelle glissent, par des fentes assez nombreuses, plusieurs cascades dont les eaux vont se perdre sous des masses de neige. Cet endroit est très-dangereux l'hiver et au printemps, à cause des avalanches qui, très-souvent à ces deux époques de l'année, descendent de ce rocher.

Après avoir franchi plusieurs fois le torrent et avoir fait d'innombrables détours, on atteint une triste solitude, d'où l'on découvre à sa gauche de *Trou des Chaudronniers*, ainsi nommé par ce qu'il y a quelques années, neuf chaudronniers y furent engloutis sous la neige; à droite, on aperçoit cinq lacs dont les eaux se déversent de l'un dans l'autre. C'est au-dessus du cinquième lac, que se trouve le Port-de-Venasque, limite de la France et de l'Espagne, indiquée par une croix en fer placée au milieu de ce passage, qui est tout simplement une fissure taillée dans le roc, à peine assez large pour laisser passer un mulet; c'est le seul chemin possible, dans toute cette contrée, pour se rendre de France en Espagne. Ce passage est très-fréquenté, malgré tous les dangers que courent les voyageurs et les contrebandiers qui s'exposent à le traverser pendant l'hiver, moment de l'année où il se produit des raffales épouvantables, qui, très-souvent, engloutissent ces malheureux sous la neige.

Après avoir traversé le port de Venasque, on rencontre, au-delà, une roche qu'on a nommée la Péna-Blanca, à cause de son éclatante blancheur; à côté, se trouve une fontaine du même nom. Quelques pas plus loin, on rencontre la fontaine de Coustères ou des Aranais, auprès de laquelle on a l'habitude de s'arrêter pour déjeuner.

Après avoir réparé ses forces, par un repas par trop frugal souvent, on se dirige vers le port de la Picade, que l'on aperçoit vis-à-vis de soi, à deux kilomètres à peu près du port de Venasque.

Pour y arriver, on monte un sentier taillé dans le roc, très-difficile à gravir à cheval et qu'il est toujours prudent de gravir à pied : parvenu au point culminant de ce passage, on aperçoit les Monts-Maudits, dont on distingue tous les pics qui se dressent bien nettement détachés.

Du col de la Picade, on descent un petit sentier qui, à quelques pas de là, se bifurque : le sentier de droite conduit à la vallée d'Artigue-Tellin ; celui de gauche monte, au contraire, vers le port de l'Escalette ; c'est celui qu'on doit prendre pour revenir à Luchon en passant par l'hospice.

Arrivé au Port de l'Escalette, on descend un chemin dont la pente est très-rapide et le sol rocailleux, qui conduit bientôt, heureusement, dans le val de la Frêche, dont on traverse les magnifiques prairies ; après quoi, on arrive, en quelques instants, à l'hospice de Luchon.

Il faut toute une journée pour faire cette excursion, fatigante pour ceux qui la font, en entier, à cheval ; mais qui le devient moins pour les personnes qui peuvent se faire conduire de Luchon à l'hospice en voiture, pour de là se rendre à cheval au port de Venasque.

On peut encore revenir à Luchon par la ville de Venasque, le Port d'Oo ou le col de Portillon ; ou bien par l'Ermitage d'Artigues-Tellin, la Vieilla, le col de Portillon et la vallée de Burbe. Ces deux dernières excursions sont assez longues et pénibles, car il ne faut pas moins de deux jours pour les accomplir.

EXCURSION DE VENASQUE.

La petite ville de Venasque, de 4 à 500 âmes, assez malpropre et très-mal bâtie, n'offre rien de bien intéressant par elle-même. Vous ne pouvez y être entraînés que par le désir de voir en personne un spécimen de ces prêtres espagnols, aussi malpropres que la ville, qui ont conservé, dans toute son intégrité, le costume des temps anciens, avec leurs immenses chapeaux à larges bords. S'il n'y a que ce motif qui vous engage à entreprendre cette longue excursion, je vous conseillerai d'aller voir jouer le *Barbier de Séville* : vous en verrez une copie des plus fidèles dans don Basile, qui aura l'avantage de se présenter à vous avec un costume plus propre et plus convenable.

N'y allez pas non plus dans l'espoir d'y rencontrer le type féminin espagnol, car vous seriez désillusionnés : ce n'est point, comme bien vous pouvez le penser, dans pareille solitude que se tiennent cachées de telles beautés, ravissantes de grâces et de tournures, qui n'ont rien de commun, il est vrai, avec nos déesses parisiennes, mais plus belles cependant que ces dernières par un certain côté qui ne manque pas d'originalité et de piquant. La vue de semblables créatures, qu'on pourrait croire filles de Phébus dont elles semblent avoir emprunté quelques étincelles, séduit et fascine au point qu'on est, pour ainsi dire, magnétisé au moindre regard qu'elles lancent, tant leurs yeux brillent d'un éclat vif et pétillant.

La seconde route qui vous est offerte est longue et fatigante ; mais vous serez amplement dédommagé de toutes vos fatigues, par de grands et beaux spectacles.

Pour accomplir ce petit voyage, du Port de Venasque étant, vous vous rendez à Vieilla, capitale de la vallée d'Aran, en passant par la magnifique vallée d'Artigues-Tellin, au fond de laquelle se trouve la source de la Garonne, connue dans le pays sous le nom de Joueou ou mieux Goueil de Joueou, consacré autrefois à Jupiter, d'où, paraîtrait-il, elle tirerait son nom, Jovis (œil de Jupiter). Les eaux qui alimentent cette source sont les mêmes que celles qui, descendues du glacier du Néthou, s'engouffrent dans le trou du Toro, et viennent reparaître à la lumière au Goueil, après un trajet souterrain d'une demi-lieue.

Après avoir visité cette source, on continue sa route jusqu'à l'Ermitage d'Artigues-Tellin, espèce d'auberge ou d'hospice qui sert de refuge aux voyageurs surpris par le froid, la neige ou les brouillards. On y trouve généralement de quoi faire un maigre repas; on peut même, à la rigueur, y passer la nuit, seulement je vous engage à poursuivre votre route jusqu'à Vieilla. Vous serez très-heureux de cette détermination, car non-seulement vous trouverez de quoi faire un très-bon dîner, que vous pourrez arroser d'un excellent vin d'Espagne, le Rancio, mais encore vous y trouverez un gîte très-convenable pour y passer la nuit. Mais avant tout, je vous conseille d'aller visiter la petite église, d'architecture romane primitive : vous pourrez encore aller voir quelques maisons d'une architecture originale et des ruines fort anciennes.

Si le hasard veut que vous vous y trouviez un jour de fête, vous pourrez y jouir d'un spectacle vraiment attrayant, en assistant au bal que donne la municipalité, et auquel prend part la population entière, voire même l'alcade (le maire), le corrégidor (le juge), ainsi que M. le curé. Ces danses nationales, exécutées par les gens du pays, offrent un cachet d'originalité, que rendent encore plus piquant ces jeunes filles espagnoles, avec leurs costumes tout bariolés et leurs allures si gracieuses qu'on s'imaginerait que la nature ne les a créées que pour se livrer à ce genre d'exercice.

Après vous être reposé et avoir joui d'un sommeil qui pourrait bien ne pas être toujours des plus calmes, après un de ces spectacles, il vous faudra, reposés ou non, calmes ou surexcités par les plaisirs de la veille, vous en revenir, en prenant le chemin qui mène à Las-Bordes, petit village bâti sur un rocher où s'élevait autrefois un château-fort destiné à la garde de la vallée d'Aran. De là, on gagnera la ferme de Labourdette où l'on prendra un chemin qui mène à Luchon, en passant par le col du Portillon.

La Maladetta.

ASCENSION DU PIC DU NÉTHOU.

Durée de la course (aller et retour), 3 jours.

Le pic du Néthou, pic le plus élevé des Pyrénées (3,404^m), est le point le plus culminant de ce groupe de montagnes qu'on désigne sous le nom de Maladetta ou Monts-Maudits, ainsi nommés parce que plusieurs de ceux qui les premiers avaient tenté de les franchir y ont trouvé la mort. C'est, en effet, il faut le reconnaître, une excursion pleine de dangers, où à chaque instant on rencontre des précipices d'une profondeur incalculable, qui se dérobent aux yeux du touriste, cachés qu'ils sont sous des amas de neige, ainsi que cela se présente pour ces immenses crevasses qu'on rencontre à chaque pas, quand on traverse les glaciers de la Maladetta et ceux du Néthou.

Aussi sera-t-il prudent de ne s'engager, dans une excursion aussi périlleuse, qu'en compagnie de plusieurs personnes et avec de bons guides, ce qui est de toute rigueur.

N'oubliez pas surtout d'emporter avec vous des provisions suffisantes, car vous ne supposez pas, sans doute, qu'en pareil lieu, aucun mortel, pas même un saint ermite repentant ou non, ait eu l'idée de venir se fixer pour y faire pénitence.

Ne vaudrait-il pas mieux, après tout, que ces êtres qui se vouent à une vie que je me garderai bien de qualifier d'abnégation, vinssent y établir une maison de refuge que de s'enfermer dans des cloîtres pour s'y livrer, disent les hôtes de ces maisons de tolérance, à une vie toute contemplative, qui, d'après eux, ne peut s'exercer que loin du tumulte et dans la solitude la plus complète ; ne trouveraient-ils pas, je vous le demande, au milieu de ces contrées, inaccessibles durant la plus grande partie de l'année, une solitude plus vraie, un éloignement plus sûr, qui les mettraient à l'abri de tout commerce mondain ? Mais non, ils préfèrent et ont toujours préféré le ciel plus serein des grandes villes : ils ont sans doute de bonnes raisons pour agir de la sorte ; c'est un mystère que nous ne désirons ni ne voulons connaître, encore moins approfondir.

Mais laissons, pour le moment, cette question de pure fantaisie, et allons, comme de simples mortels, contempler la nature, qui, dans ses plus grandes horreurs, est toujours belle et grandiose.

Cette excursion, qui ne demande pas moins de trois

jours, ne peut se faire que dans les mois de juillet et d'août.

Première journée. — Le premier jour, on va au Port de Venasque, qu'on ne fait que traverser, pour se rendre, dans la même journée, à la Rencluse, en passant à travers la vallée dite Plan-des-Étangs, située au pied même de la Maladetta. De cette vallée, on prend un petit sentier tracé sur des rochers pointus, qui serpente, bientôt après, à travers une maigre forêt de sapins, et qui conduit, en moins d'une heure, sur un magnifique bassin qui fut, dit-on, un ancien lac, traversé actuellement par un petit ruisseau, l'Esséra. Au fond de ce bassin encaissé de hautes montagnes, on aperçoit l'immense rocher de la Rencluse, qui s'avance en surplombant suffisamment pour offrir aux voyageurs un abri des plus sûrs pour passer la nuit.

Au fond de cette immense cavité, on a fait une espèce de compartiment qu'on réserve pour les dames, séparé du reste par une muraille en pierre, assez élevée pour qu'elles soient à l'abri de tout regard indiscret. A côté de cet immense rocher, on aperçoit le gouffre de Turmon, où vont s'engloutir les eaux de l'Esséra, descendues des glaciers de la Maladetta, pour aller reparaître, après plusieurs kilomètres d'un parcours souterrain, dans la vallée de l'Esséra, un peu en deçà de l'hospice de Venasque. Ces eaux vont grossir le fleuve de l'Èbre pour se rendre dans la Méditerranée.

Deuxième journée. — Le lendemain matin, il faut être debout de très-bonne heure, à deux ou trois heures au plus tard, afin d'arriver sur le sommet du pic du Néthou vers huit ou neuf heures ; on évitera ainsi les brouillards et les nuages qui pourraient venir vous surprendre, si vous y arriviez trop tard. Il faut donc se hâter de prendre un petit sentier très-escarpé qui monte d'abord à travers des gazons et des rochers, pour vous faire passer ensuite sur des bancs de neige et des assises de granit.

Vous arrivez, en deux heures et demie à peu près, à un petit col ou portillon, passage taillé dans l'arête qui sépare le glacier de la Maladetta du glacier du pic du Néthou. On traverse l'immense glacier du Néthou, qui n'a pas moins d'une lieue et demie dans sa longueur : c'est à ce moment qu'il faut prendre toutes ses précautions ; aussi, tout en s'aidant de son bâton ferré, il faut avoir soin de bien enfoncer ses pieds dans la neige pour ne pas glisser. Arrivé dans le voisinage des crevasses, il est prudent, indispensable même, de s'attacher les uns aux autres à une longue corde. De cette manière, il n'y a plus de risques à courir, et l'on peut continuer sa route avec assurance : car, trouverait-on sous ses pas une crevasse et y tomberait-on, qu'à l'instant on en serait retiré par ceux qui, comme vous, sont attachés à la même corde. En général c'est un guide qui ouvre la marche et qui, le premier, sonde le terrain ; sécurité encore plus grande pour les personnes qui redouteraient, malgré toutes ces précautions, je ne dirai pas le danger, car il ne peut y en avoir, mais le moindre désagrément.

On arrive ainsi, en moins d'une heure, au Lac Couronné, nom qui lui vient de ce que ce lac est entouré, de toutes parts, de glaciers immenses qui le ceignent à la façon d'un diadème : ce lac, situé à 3,000 mètres à peu près, est le plus élevé de la chaîne des Pyrénées. De ce point, on s'élève, au moyen de gradins qu'on est obligé de tailler dans la glace, jusqu'au sommet du dôme, premier cône du Néthou, recouvert continuellement de glace. Cette première difficulté vaincue, vous en rencontrez une autre encore plus grande, car il s'agit d'atteindre la cîme du pic du Néthou, en passant sur une arête aiguë, qui a trente mètres de long sur un mètre à peu près de large et toujours couverte de glace. A droite et à gauche de ce passage, se trouvent deux immenses précipices d'une profondeur de 3 à 4,000 pieds.

Ce passage s'appelle le Pont de Mahomet, je ne sais trop pourquoi, car il ne conduit nullement dans un lieu de délices comme le paradis de Mahomet, où une température pareille à celle qui existe habituellement sur le pic du Néthou serait par trop gênante.

Cette difficulté surmontée, on se trouve sur le point le plus élevé de la Maladetta, le pic du Néthou, espèce de plate-forme, d'où l'on jouit d'un magnifique coup-d'œil, qui embrasse les vallées d'Aran, d'Artigues-Tellin, de l'Esséra, de Maliberne, le Plan-des-Étangs, le pic de Fourcanade, ainsi que toute cette longue chaîne de montagnes qui va en diminuant jusqu'à l'Ebre.

— On aperçoit encore le Mont-Perdu, en Espagne ; le pic du Midi de Bigorre ; les plaines de la Gascogne et de la Catalogne, etc., etc.

On revient coucher le soir à la Rencluse, pour, le lendemain matin, reprendre le chemin de Luchon.

PIC DE SAUVEGARDE.

Du port de Venasque, on peut gravir à pied le pic de Sauvegarde, en moins d'une heure et demie.

Du haut de ce pic, dont l'ascension n'est ni pénible, ni difficile, on découvre la Maladetta et plusieurs autres pics de la haute chaîne des Pyrénées, ainsi que la ville de Venasque et Bagnères-de-Luchon.

PIC DE LA FOURCANADE.

Du Pont de Venasque, on peut également monter au pic de la Fourcanade. Cette excursion, plus longue et plus difficile que la précédente, car elle demande deux jours pour la faire, a ceci d'intéressant que, sur son chemin qui traverse le Plan-des-Étangs, on rencontre au fond de ce vaste bassin sauvage, le Trou du Toro, où s'engouffrent toutes les eaux du pic du Néthou, pour aller sortir, ainsi que nous l'avons déjà vu, au Goueil de Joueou.

Nombre d'excursions, du plus grand intérêt peuvent encore se faire dans les montagnes voisines de Luchon; toutes offrent au touriste amateur de la belle nature des attraits divers.

Nous citerons entr'autres : le pic de Posets, 3,370 mètres au-dessus du niveau de la mer, l'un des plus élevés de la chaîne des Pyrénées, du sommet duquel on découvre les montagnes de l'Aragon, celles de la Catalogne en grande partie, la Maladetta, dont on distingue assez bien les principaux pics.

La course des quinze lacs, qui vous conduit du port de la Glère au cirque d'Oo. Les quinze lacs qu'on rencontre, en commençant cette excursion, comme on a l'habitude de le faire, par le pic Sacroux, sont : 1º le lac de Gourgouttes, 2º le lac de Graouès (ou lac des Graviers), 3º le lac glacé du Port-Vieux, 4º le lac des Pichis des Graouès ou lac Charles, 5º le lac Bleu, 6º le lac Vert, 7º le lac Noir de la Montagnette, 8º le lac glacé de Crabioules, 9° les cinq lacs supérieurs d'Oo, 10° le lac d'Espingo, 11° le lac d'Oo.

Cette course est longue et fatigante : elle demande deux grandes journées ; aussi est-on dans la nécessité de coucher sur la montagne, dans une cabane de pasteur, espèce de cahute peu faite pour assurer un bon sommeil.

Je citerai encore l'ascension du pic Sacroux, l'ascension de Boum, l'ascension de la tour de Maupas, tous situés dans les mêmes régions.

Je signalerai comme promenade des plus agréables à faire en voiture : le val d'Esquierry, surnommé le jardin botanique des Pyrénées, à cause de l'innombrable quantité et l'infinie variété des plantes qu'il renferme ; le val de Médassoles, situé presque en face du précédent, et riche également en plantes de toutes espèces ; la magnifique vallée d'Oueil, qu'on traverse pour se rendre au Montné (2,147 mètres). Du haut de ce pic, on découvre tous les pics voisins de Luchon, ainsi que tous les hauts sommets des Pyrénées.

Pour en terminer, je mentionnerai encore l'ascension du pic de la Pique (2,393 mètres), où l'on pourra visiter les sources de la Garonne, qui sourdent, sur l'un des versants de cette montagne, à 500 mètres d'élévation seulement.

L'ascension de Superbagnères (1,797^m). C'est, sans contredit, un des plus beaux points de vue, qui permet d'embrasser, dans leur ensemble, les vallées de Luchon, du Lys, d'Oueil, de Larboust, celle de Burbe, celle d'Aran, de Venasque même ; ainsi que les glaciers de Maupas et de Crabioules, les pics Quairat et Céciré, le pic du Gard, le Montné, Bacanère, Poujastou, la Maladetta, etc.

L'ascension du pic de Bacanère (2,194 mètres) et de Pales de Burat (1,150 mètres), d'où l'on découvre la vallée d'Aran ainsi que ses nombreux villages : Saint-Béat, Fos, Lez, Bosost, etc. ; la vallée de Larboust dans toute son étendue, la vallée de la Garonne, etc.

L'ascension du pic de Poujastou (1,920 mètres), d'où l'on découvre la vallée d'Aran, la vallée d'Artigues-Tellin, la vallée de l'Hospice, le val du port de Venasque, la vallée du Lys, de Larboust, d'Oueil, de Luchon, de la Pique, etc.

L'ascension du pic Céciré (2,400 mètres); l'ascension du pic du Gar, montagne au-dessus de Saint-Béat, d'où l'on plonge son regard sur tout le bassin de la Garonne.

Presque toutes les ascensions que nous venons de citer peuvent se faire à cheval.

Enfin, et comme pour clore cette énumération par trop longue et par trop stérile, je mentionnerai, d'une manière toute particulière, l'ascension de l'Entécade (2,220 mètres), pic situé au-dessus de l'hospice de Venasque, du haut duquel on a une des plus belles vues.

Je ne connais rien, en effet, de comparable à ce charmant panorama, qui, du haut de cette montagne, s'offre aux regards du spectateur, qui voit à ses pieds la vallée d'Aran tout entière et quatorze de ses villages ; la vallée d'Artigues-Tellin, dont on distingue le Goueil-de-Joueou et sa cascade ; les vallées de l'Oueil, de Larboust et la vallée du Lys ; les glaciers de Crabioules et de Maupas ; les pics Poujastou, Bacanère, du Gar, Céciré, Superbagnères, Quairat, Montné, Antenac, les Monts-Maudits, le pic du Midi de Bigorre, ainsi que certaines montagnes de l'Ariége, du val d'Andorre, voire même le Canigou, quand le ciel est pur.

14

HYGIÈNE ET RÉGIME

DU BAIGNEUR

—◆—

CONSEILS APRÈS LE DÉPART

HYGIÈNE ET RÉGIME

DU BAIGNEUR.

Les conditions hygiéniques qu'on rencontre auprès des sources thermales : changement de climat, changement d'habitudes, distractions de toutes sortes, et l'exercice auquel on se livre, sont considérées comme faisant partie intégrante du traitement thermal ; quoique accessoires, ce sont de puissants adjuvants.

Aussi le médecin devra-t-il se laisser guider, dans le choix d'une station thermale, non-seulement par la nature de l'affection, l'état du malade, son tempérament ; par la période de la maladie, par la constitution chimique de l'eau et les ressources balnéaires de l'établissement ; mais encore, le climat, l'altitude, la température et la position topographique de la station qu'il aura choisie, devront toujours être prise en sérieuse considération.

Les distractions de toutes sortes qu'on peut se procurer aux eaux, en permettant aux malades d'oublier, pour quelque temps, leurs souffrances physiques, concourent pour une plus large part qu'on ne se l'imagine à la guérison de leurs maux.

Est-ce à dire que le moral affecté entretienne à lui seul la maladie, que tout remède alors, quelque efficace qu'il soit, s'annule, et qu'il faille désespérer de l'état curatif d'une sage et intelligente médication ?

Démontrer un fait semblable n'est pas chose facile, le prouver encore moins, mais chercher à l'expliquer, rien ne s'y oppose.

Une preuve qui, à mon avis, vient à l'appui de ce j'avance, c'est que non-seulement, un malade dont le moral est affecté peut voir, sous cette influence, son mal s'accroître et se perpétuer ; bien plus encore, et ce fait se passe tous les jours sous nos yeux, cette influence du moral sur le physique est tellement puissante, qu'à elle seule elle peut engendrer certaines maladies.

Presque toutes les affections nerveuses, les névroses principalement (à part celles, bien entendu, qui reconnaissent pour cause une maladie organique), toutes ces maladies, dis-je, ne sont-elles pas la conséquence ou le résultat d'un acte purement psychologique, capable d'imprimer au cerveau, centre de toutes nos sensations, des ébranlements tels, que très-souvent ils changent, en un clin-d'œil, tous les attributs de cet organe ?

Des faits sans nombre viendraient encore à l'appui de l'opinion que je viens d'émettre ; ainsi et pour n'en citer qu'un exemple : ne voit-on pas, à la suite de grandes peines ou à la suite d'une joie trop forte, le cerveau recevoir une commotion telle, que la folie et même parfois la mort en ont été la conséquence?

Si je me suis permis cette digression, c'est parce qu'elle me fournit l'occasion de donner, à ceux qui me liront, un avis des plus salutaires exprimé dans cet aphorisme :

LA GAITÉ, C'EST LA SANTÉ.

« Les plaisirs bruyants et tumultueux que l'on rencontre fréquemment aux eaux minérales, dit le Dr Alibert, ne conviennent pas à tous les malades. Celui qui veut qu'elles soient utiles à la santé doit quelquefois s'en priver. Toutefois les personnes souffrantes ne pourraient supporter, sans un préjudice notable pour leur susceptibilité nerveuse, le tourbillon et la gêne des assemblées nombreuses. Il en est dont l'âme a besoin de calme et de tranquillité, tandis qu'il en est d'autres auxquelles la plus grande dissipation et des distractions continuelles sont infiniment salutaires. »

L'exercice auquel les malades peuvent se livrer, à pied, en voiture ou à cheval, au milieu surtout des montagnes où l'on respire un air si vif et si fortifiant, doit être considéré comme un des puissants adjuvants du traitement hydro-thermal.

Par l'exercice, les muscles sont mis en jeu, la respiration se fait d'une manière plus parfaite, et, par suite, l'air si vivifiant, qu'on respire en plus grande quantité, apporte, à chaque instant, au sang qu'il pénètre, tous les éléments nécessaires à sa composition, et, par cet échange incessant, transforme un sang appauvri en un sang riche : ce sont là des conditions indispensables pour que toutes les fonctions qui président aux actes ordinaires de la vie s'exécutent avec plus de régularité. Aussi voit-on l'appétit se réveiller, l'assimilation des matériaux nécessaires à notre entretien s'effectuer d'une manière plus complète, et le corps, fatigué par un exercice inaccoutumé, s'abandonner plus volontiers à un sommeil réparateur.

Mais pour cela il est un autre précepte qu'il faudrait pouvoir suivre assez exactement : se coucher de bonne heure et se lever de bon matin. La réparation des forces et cette plénitude de la santé ne peuvent s'opérer, si on se couche trop tard, parce qu'alors la surexcitation est trop grande pour pouvoir trouver un sommeil calme et bienfaisant.

Le séjour de Luchon, par sa position topographique, la salubrité de son climat et les distractions sans nombre qu'on peut y trouver, offrent des conditions hygiéniques des plus favorables.

Le climat, ainsi que nous l'avons déjà dit, est doux ; mais, comme dans tous les pays de montagnes, les variations atmosphériques se font sentir quelquefois d'une manière assez brusque pour réclamer des précautions toutes particulières, qu'il est très-urgent de connaître et surtout de bien observer, si l'on veut retirer des eaux tout le bénéfice qu'on est en droit d'en attendre, et se mettre à l'abri de certaines maladies intercurrentes auxquelles on est exposé.

Il faudra donc se précautionner avec soin contre l'impression de l'air extérieur, durant les soirées d'été, immédiatement après le coucher du soleil ; la température subissant, à ce moment, un abaissement peu considérable en temps ordinaire, mais qui peut être très-grand quand il y a instabilité dans le temps, que les brouillards ont envahi le sommet et le flanc des montagnes, ou à la suite d'un orage. A ce moment l'air devenant plus froid et plus humide, il est de toute nécessité de se couvrir en conséquence. Cette précaution est d'autant plus indispensable, pour les malades qui viennent se soumettre à un traitement hydro-thermal, qu'ils sont plus sensibles au froid et par conséquent plus exposés à en subir les effets dangereux ; l'usage des bains rendant la peau très-impressionnable aux agents extérieurs.

De cette remarque importante, découle naturellement ce précepte bien simple ; se couvrir de vêtements un peu plus chauds le soir que le matin. Si on néglige de prendre toutes ces précautions, non seulement on pourrait ne pas retirer tous les avantages du traitement hydro-thermal, mais encore on serait exposé à certaines maladies.

Ainsi tous les étés on observe en France, mais plus particulièrement dans les pays de montagnes, de ces dérangements des voies digestives qui sont caractérisés : par des vomissements violents, répétés, arrivant brusquement, et bientôt suivis de coliques avec diarrhée très-abondante. Ce dérangement d'entrailles n'est autre chose que ce qu'on est convenu d'appeler cholérine, affection si commune chez les petits enfants.

Cette maladie s'observe principalement dans les grandes chaleurs, à la fin de l'été, époques de l'année où les variations atmosphériques sont très-grandes.

Une autre cause assez puissante est due à l'eau qu'on boit trop froide ou en trop grande quantité, au moment des plus fortes chaleurs ; ou bien encore à une eau dont les qualités physiques et chimiques ont éprouvé de notables changements, ainsi que cela s'observe, un peu partout, à la suite des grandes pluies ; à ces moments l'eau se trouve plus chargée de matières organiques. Aussi j'attribue cette maladie aux changements brusques de température qui s'opèrent dans les vingt-quatre heures, et à l'ingestion d'une eau trop froide et trop crue, comme celle qui provient de la fonte des neiges.

Cette eau est, en effet, très imparfaite; la proportion des sels, qu'elle contient en dissolution, ne se trouvant pas dans un état d'équilibre satisfaisant.

Pour rémédier à l'inconvénient d'une pareille eau, on est dans l'habitude de la faire bouillir soit seule, soit avec un peu de mie de pain ou de riz. Je crois que le meilleur moyen serait d'avoir chez soi un filtre-fontaine, qui donnerait une eau dégagée de tous ces principes délétéres, et dont la température serait égale à celle de l'air ambiant.

Les eaux de Luchon qui arrivent sur les lieux d'emploi, après un trop court trajet, quelques kilomètres à peine, sont loin de réunir toutes les conditions que doit avoir une eau potable.

Cette maladie, insignifiante par elle-même et d'une courte durée, est facilement conjurée par quelques opiacés, médication qui m'a toujours donné d'excellents résultats : quelques légers autispasmodiques, l'usage de boissons délayantes et un régime sévère complétent le traitement : il est très-rare qu'on ait besoin de recourir aux astringents, tels que le sous-nitrate de bismuth ou autre.

Mais là ne se borne pas le rôle du médecin hygiéniste; il faut qu'il fasse en sorte de prévenir cette maladie qui, jamais grave en elle-même, peut exiger la suspension du traitement hydro-thermal.

Ainsi, pour se soustraire à une semblable indisposition, il sera urgent de porter des vêtements appropriés au milieu dans lequel on vit; ne jamais boire d'eau qu'elle ne soit filtrée, à moins de la couper avec beaucoup de vin ou tout autre correctif, et encore fera-t-on bien de s'en abstenir complétement, si la chose est possible.

Pour les personnes qui ont les entrailles susceptibles, il sera de toute nécessité de suivre un régime très-sévère ; elles éviteront de manger des fruits trop acides ou qui ne seraient pas d'une maturité complète : je conseillerai même à ces personnes de porter constamment une ceinture de flanelle qui couvre tout l'abdomen, précaution, à mon avis, des meilleures et des plus sûres.

Cette pratique est sanctionnée par les beaux résultats que nous ont fournis nos soldats d'Afrique soumis à cette règle d'hygiène.

Régime. — S'il est important de se soumettre aux lois de l'hygiène, pendant toute la durée du traitement hydro-thermal, il n'est pas moins important de suivre un régime qui, sans être trop sévère, soit assujetti à certaines règles que les malades ne devront pas enfreindre, s'ils ne veulent pas détruire les bons effets du traitement.

Ce qu'il importe, avant tout, c'est de ne pas se livrer à des excès qui, sollicités par l'air vif des montagnes, pourraient occasionner, dans les fonctions digestives, certains troubles nuisibles à l'action du traitement.

Sans poser des régles fixes, on peut formuler sa pensée à cet égard, en conseillant comme le meilleur régime à suivre, celui qui consiste à avoir une nourriture variée, composée en partie de viandes et de végétaux, tout en évitant les aliments de difficile digestion, ou ceux trop excitants comme les viandes salées, les mets trop épicés ; certaines viandes noires, le canard, le gibier, le porc; certains poissons de mer, les moules, le homard, etc; les truffes, la salade, etc.

On devra s'abstenir également de boissons alcooliques, liqueurs, thé, et surtout de café, autant que faire se pourra. Pour les personnes trop habituées au café et auxquelles la suppression complète serait par trop pénible, elles devront en diminuer au moins la quantité et le couper avec un peu d'eau.

Il faudra s'abstenir aussi de fruits acides, mais on pourra, sans qu'il en résulte aucun inconvénient, permettre les fruits rafraîchissants et bien mûrs, les pêches, les cerises, les abricots, etc., ainsi que les fruits bien cuits, qu'on sucrera suffisamment pour détruire en partie leur acidité. Tout en s'affranchissant d'un régime un peu trop sévère, il ne faudrait pas cependant tomber dans un excès contraire, on se contentera de manger des fruits très-modérément et en très-petite quantité.

Les âges, les tempéraments et le sexe doivent aussi être pris en grande considération : il est de toute évidence que le traitement hydro-thermal par les eaux sulfureuses devra subir de notables modifications selon qu'on aura affaire à un enfant, à un vieillard ou à une femme.

Chez les enfants, comme chez les vieillards, il sera prudent de diminuer la dose d'eau à prendre à l'intérieur, comme il sera rationnel d'atténuer de beaucoup l'action excitante produite par les autres modes balnéatoires : ainsi on leur prescrira les eaux les moins excitantes, et on diminuera de beaucoup la force d'impulsion des douches.

Mêmes remarques pour les femmes et pour les personnes dont le tempérament sera trop irritable ou trop impressionnable, en un mot, pour les personnes nerveuses. Il sera prudent également de surveiller, avec beaucoup d'attention, ceux chez qui prédomine le tempérament sanguin; ces derniers pouvant être exposés à des congestions sanguines.

Chez les personnes lymphatiques, au contraire, on pourra administrer les eaux sulfureuses sous toutes les formes, sans jamais avoir rien à craindre. Ces personnes supportent admirablement l'action stimulante de ces eaux, et même très-souvent elles s'en trouvent très-bien.

Conseils après le départ.

Dans certaines affections qui, ainsi que nous l'avons déjà dit, réclament l'emploi de beaucoup de soufre pris à l'intérieur, il n'est pas rare de voir certains malades ne recouvrer la santé qu'au bout de quatre, cinq et même six mois après qu'ils ont cessé l'usage des eaux; c'est que, pendant tout ce laps de temps, les principes minéralisateurs qu'on a introduits dans l'économie, n'ont pas cessé d'agir sur l'organisme, qui met toujours un certain temps à s'en débarrasser.

Aussi est-il de toute nécessité de continuer le régime et les soins hygiéniques auxquels on a été soumis pendant toute la durée du traitement hydro-thermal.

Il arrive même que certains malades se trouvent obligés de continuer de prendre les eaux sulfureuses, ce qui, très-souvent est un moyen de prévenir les rechutes.

Telles sont à peu près toutes les régles générales d'hygiène qu'il est important de bien observer, pendant toute la durée d'un traitement par les eaux sulfureuses.

Là se termine la tâche que je me suis imposée pour l'année 1865.

Des imperfections et des désidérata sans nombre feront de ce petit livre un ouvrage très-incomplet, sans doute; mais j'espère, bientôt, pouvoir combler cette lacune, en fournissant de nouveaux documents qui compléteront, dans la juste mesure de mes faibles moyens, ce qu'il m'aurait été impossible de faire pour le moment.

Quel sera l'avenir reservé à cet essai que je présente aujourd'hui à la censure de l'opinion publique?

Je l'ignore..... Peut être sera-t-il du nombre de ceux qui, de chez le libraire, ne font qu'un saut chez l'épicier.

La chose arriverait, que je n'en serais nullement blessé et encore moins étonné.

Dans tous les cas, je fais des vœux pour que mon nouveau-né prenne vie et santé, afin qu'il puisse, un jour, se défendre des attaques des grands et se faire une place digne parmi ceux qui, comme lui, débutent dans la vie, sans ancêtres glorieux, ni protecteurs modernes, qui ne se trouvent qu'en abdiquant une partie

de soi-même et en faisant, trop souvent, bon marché
de sa conscience et de son caractère indépendant, le
plus beau côté, le seul côté de l'homme libre.

Un bigot orgueilleux qui, dans sa vanité,
Croit duper jusqu'à Dieu par son zèle affecté,
Couvrant tous ses défauts d'une sainte apparence,
Damne tous les humains de sa pleine puissance.

Boileau, Satire IV.

FIN.

TABLE

DES MATIÈRES.

Sous Presse :

NOTICE HISTORIQUE ET MÉDICALE

SUR

LES EAUX-BONNES,

Précédée

DE NOTIONS GÉNÉRALES SUR LA GÉOLOGIE, LA GÉODÉSIE,
L'OROGRAPHIE, L'HYDROGRAPHIE, LA CLIMATOLOGIE ET
L'OROGÉNIE DE LA CHAÎNE DES PYRÉNÉES.

suivie

D'UNE NOTICE SUR LES EAUX-CHAUDES, LES EAUX DE DAX,
DE CAMBO ET DE SAINT CHRISTAU,

avec

LES EXCURSIONS QU'ON PEUT FAIRE AUX ALENTOURS DE
CHACUNE DE CES STATIONS THERMALES.

INDICATIONS GÉNÉRALES SUR LE CHOIX D'UNE STATION
D'HIVER.